唐浩明評點曾國藩語録

一

梁啓超向曾國藩學什麼

一九一五年四月五日，湖南一師教授楊昌濟與他的得意弟子毛澤東聊天時，談到毛的家世。楊在當天的日記中寫道：『渠之父先亦務農，現業轉販，其弟亦務農，其外家爲湘鄉人，亦農家也，而資質俊秀若此，殊爲難得。余因以農家多出異材，引曾滌生、梁任公之例以勉之。』

這一年，曾國藩（滌生）去世四十三年，梁啓超（任公）也剛好四十三歲初度。將梁與曾氏並列作爲農家子弟中的卓異代表，大概不會始於楊昌濟，但二十二歲的毛澤東，此時很可能是第一次從他所崇敬的師長口裏聽到二人並提的話。

楊昌濟並列曾梁，着眼於同是農家子弟同樣聲名卓著，至於其他方面並没有過多論及，當我們稍稍接觸一些梁的文字後，便可以明顯看出曾梁之間還有另一層關係，即曾氏對梁影響甚爲深遠，或者說，梁刻意向曾氏學習。

梁是廣東人，因地域及由地域而産生的種種隔閡的原故，他直到二十八歲纔在國外讀到曾氏的書。光緒二十六年春夏間，旅居美國檀香山的梁啓超，在給其師康有爲及朋友的信中，多次談到初讀曾氏家書時的震動：『弟子日間偶觀曾文正公家書，猛然自省，覺得不如彼處甚多。』『弟日來頗自克勵，因偶讀曾文正家書，猛然自省，覺得非學道之人不足以任大事。』

從那以後，梁便將曾氏引爲人生榜樣。直到晚年，其對曾氏的景仰之情依舊不改。他對人說：『假定曾文正、胡文忠遲死數十年，也許他們的成功是永久的。』

梁啓超爲什麼會如此推崇曾氏？他在曾氏身上學到些什麼呢？一九一六年，梁在政務著述異常繁忙之際做了一樁大事，即從曾氏全集中摘抄部分語録，彙輯成一部《曾文正公嘉言鈔》，並爲之作了一篇序言。從梁的這篇序文和他所選語録中，可以清晰地看出他對曾氏的認同之處。

梁認爲，曾氏不僅是有史以來中國不多見的大人物，也是全世界不多見的大人物，而這個大人物，並没有超倫絶俗的天才，反而在當時的名人中最爲魯鈍笨拙。那麼是什麼使得曾氏能立德立功立言三不朽呢？梁説曾氏的『一生得力在立志自拔於流俗』。他自己首先在這一點上着意向曾氏學習。

曾氏初進京時刻苦研習程朱之學，並身體力行，要做一個無愧天地父母所生的人，同時對自己身心各方面提出嚴格要求，且撰《五箴》即立志箴、居敬箴、主静箴、謹言箴、有恒箴以自警。梁也『以五事自課：一曰克己，二曰誠意，三曰立敬，四曰習勞，五曰有恒』，並倣法曾氏以日記作爲督察的方式：『近設日記，以曾文正之法，凡身過、口過、意過皆記之。』

人的一生最難做到的是『恒』字。曾氏以梁所謂的鈍拙之資成就大事業，靠的就是這個『恒』——數十年如一日的勞心勞力。梁雖天資聰穎，但衹活了五十六歲。自從二十多歲成名後，一生便在忙碌中度過，除大量的政事、教學、社交等佔據他許多寶貴的時光外，還要承受動蕩不安的流亡歲月的干擾，而他却留下一千四百萬言的精彩著述，其内容幾乎涉及文史哲的各個領域。如此巨大的成就何以取得？靠的也就是持之以恒的勤奮。他説他『每日起居規則極嚴』，『所著書日必二千言以上』。他的學生説他『治學勤懇，連星期天也有一定日課，不稍休息。他精神飽滿到令人喫驚的程度』。梁的精力充沛或許來自天性，但更多的應是出於自律。他在給朋友徐佛蘇的信中説：『湘鄉言精神愈用則愈出，此誠名言，弟體驗而益信之。』湘鄉即曾氏。曾氏所説的這句話，見於咸豐八年四月初九給他九弟的信。梁不僅將這話記於心付於行，而且又將它抄下來，編於《嘉言鈔》中，提供給天下有志於事業者。

從梁所輯録的這部《嘉言鈔》中，我們看到梁大量摘抄曾氏關於立志、關於恒常、關於勤勉、關於頑强堅毅方面的嘉言，足見梁對曾氏這些方面見解的看重。隨着這部《嘉言鈔》的問世，也可以讓更多的讀者看到曾氏當年『受之以虚，將之以勤，植之以剛，貞之以恒，帥之以誠，勇猛精進，堅苦卓絶』的具體做法，在一段鮮活的歷史過程中，得到對當下生存的啓示。

作爲近世一位卓越的政治活動家，梁更看重學問的經世致用。他在序文中説：『夫人生數十寒暑，受其群之蔭以獲自存，則於其群豈能不思所報？報之則必有事焉，非曰逃虚守静而即可以告無罪明矣。』以自己所做的實事來報答社會，這是梁啓超的人生選擇。接下來，他談到自己從政二十年來的重要體會：既要做事，『於是乎不能不日與外境相接構，且既思以己所信易天下，則行且終其身以轉戰於此濁世，若何而後能磨煉其身心，以自立於不敗？若何而後能遇事物泛應曲當，無所撓枉？天下最大之學問，殆無以過此』。梁的意思是，要做事，便得與濁世打交道，在此濁世中如何讓自己的身心得到磨煉，從而立於不敗之地；如何能很好地應付方方面面，不至於受挫受阻。這就是人世間的最大學問。他認定曾氏便是這樣一個擁有最大學問的人。

曾氏是近代湖湘文化的典型代表。湖湘文化最突出的特色是注重經世致用。過去都説曾氏是理學家，其實，他對理學的學理並没有大的推進，他的貢獻是在實踐上。在如何將理學用之於身心修煉及事業建立這方面，曾氏是一個成功的踐履者。曾氏以中國學問爲教材，不僅儘可能地完善了自我健全的人格，而且成就了一番事功，並因此改變近代中國歷史走向，這就是所謂的『内聖外王』。除此之外，在平時生活中，他也是一個好兒子、好兄長、好父親、好丈夫、好朋友。曾氏認爲，人生的『絶大學問即在家庭日用之間』。在這一點上，曾氏與梁啓超的看法完全一致。於是，我們在這部《嘉言鈔》裏，可以看到曾氏是如何修身的，又是如何辦事的。這事情中既有掀天揭地的軍國大事，也有木頭竹屑的零碎小事。梁啓超説曾氏『所言，字字皆得之閲歷而切於實際，故其親切有味，資吾儕當前之受用』。既親切，又實用，這就是當年梁讀曾氏文字的感受。

此外，我們讀《嘉言鈔》時還有一個强烈感覺，即梁特别注重曾氏對當時墮落風氣的譴責以及對扭轉時風的自我期待與擔當。梁不惜反覆摘抄曾氏在不同時期對不同人説的有關言論，於此不僅能看出梁對曾氏這些議論的認可，還可感受到梁本人對移風易俗改造社會的責任感。這一點，或許正是這兩位歷史巨人最大的心靈相通之處。

梁在《説國風》一文中説：『吾聞諸曾文正公之言矣，曰「先王之治天下，使賢者皆當路在勢，其風民也皆以義，故道一而俗同。世教既衰，所謂一二人者不盡在位，彼其心之所向，勢不能不騰爲口説而播爲聲氣，而衆人者勢不能不聽命而蒸爲習尚，於是乎徒黨蔚起，而一時之人才出焉」……夫衆人之往往聽命於一二人者，蓋有之矣，而文正獨謂其勢不能不聽者，何也？夫君子道長，則小人必不見容而無以自存，雖欲不勉爲君子焉而不可得也；小人道長，則君子亦必不見容而無以自存，雖欲不比諸小人而不可得也。』

顯然，梁是在引曾氏之説來爲自己的文章立論。曾氏認爲，處在衆望所歸之地位的一二人，對一時的社會風氣是負有引領之責的，而風氣一旦形成，便又會影響各個層面上的人，從而形成强大的社會力量。曾氏一向是以『一二人』自期的。作爲名滿天下的維新派領袖，梁又何嘗不隱然以『一二人』自許呢？在這一點上曾梁之間可謂惺惺相惜。

『一二人』靠什麽來扭轉風氣呢？理學家曾氏是主張以道德的力量來轉移社會的，即先做到自我道德完善，再以此來感化身邊人及屬下，然後再靠他們去影響更大的群衆面。對此，曾氏有過表叙：『天之生斯人也，上智者不常，下愚者亦不常，擾擾萬衆，大率皆中材耳。中材者，導之東而東，導之西而西，習於善而善，習於惡而惡……由一二人以達於通都，漸流漸廣，而成風俗。風之爲物，控之若無有，鮹之若易靡，及其既成，發大木，拔大屋，一動而萬里應，窮天下之力而莫之能禦。』

革新家梁啓超對曾氏這種以德化人的理念甚爲讚賞。臨去世的前兩年，他曾與清華國學研究院的學生們，有過一次懇切的長談。他説：『現在時事糟到這樣，難道是缺乏智識才能的緣故麽？老實説，什麽壞事不是智識分子的才能做出來的？現在一般人根本就不相信道德的存在，而且想把它留下的殘餘根本去鏟除。我們一回頭看數十年前曾文正公那般人的修養。他們看見當時的社會也壞極了，他們一面自己嚴厲地約束自己，不跟惡社會跑，而同時就以這一點來朋友間互相勉勵，天天這樣琢磨着，可以從他們往來的書劄中考見……他們就用這些普通話來訓練自己，不怕難，不偷巧，最先從自己做起，立個標準，擴充下去，漸次聲應氣求，擴充到一般朋友，久而久之便造成一種風氣，到時局不可收拾的時候，就衹好讓他們這般人出來收拾了。所以以曾、胡、江、羅一般書獃子，居然被他們做了這偉大的事業。』

梁早年係維新變法派，後來轉爲共和制度的堅定擁護者，對於張勳復辟清王朝的做法持堅決反對的態度，而曾氏則是徹底的大清王朝的保皇派。在某些人看來，梁不應學曾氏而要咒駡他纔對。其實，人類文化中的精粹是從來不受政治觀念和時空限制的，梁所看重的那些曾氏嘉言，正是屬於人類文化精粹的部分。梁説曾氏是『盡人皆可學焉而至』的，他自己學習而有成效，於是想讓大家都來學習，遂在百忙中抽空編了這本《嘉言鈔》。梁認爲他所編的這部書，對於中國人來説，好比穿衣喫飯一樣的不可一刻離開。筆者也一向認爲曾氏可學而至，且有感於『布帛菽粟』這句話，遂在評點曾氏的家書、奏摺之後，不嫌一而

再、再而三的麻煩，又來評點一番梁所輯録的這部《曾文正公嘉言鈔》，無非是想讓梁啓超的意願在二十一世紀的讀者中能得到更好的實現。

去年春天，兩卷本《評點梁啓超輯曾國藩嘉言鈔》問世，從發行一年多的情況來看，頗受讀者的歡迎。近日，嶽麓書社主事者認爲此書也可出綫裝本，以滿足不同層面讀者的需求。我欣然接受。考慮到原書字數較多，遂作了删節。又因『嘉言鈔』係『語録』的另一種表叙，於是書名採用更爲今人所熟悉的『語録』。

還有一點需要説明。原《評點梁啓超輯曾國藩嘉言鈔》一書，既包括確實爲梁本人所摘抄的嘉言，也附有不能確證爲梁所抄但的確是曾氏的嘉言，出自兩種書中的都有，也不再有『正』『附』之分，一概置於『修身』、『爲學』、『齊家』、『處世』、『從政』、『治軍』六大類中，故而綫裝本書名中亦不再有『梁啓超輯』的字樣。

唐浩明

戊子初夏於長沙静遠樓

目錄

修身

爲學

齊家

處世

從政

治軍

修身

原文　民胞物與之量與内聖外王之業

君子之立志也，有民胞物與之量，有内聖外王之業，而後不忝於父母之所生，不愧爲天地之完人，故其爲憂也，以不如舜不如周公爲憂也，以德不修、學不講爲憂也。是故頑民梗化則憂之，蠻夷猾夏則憂之，小人在位、賢才否閉則憂之，匹夫匹婦不被己澤則憂之。所謂悲天命而憫人窮，此君子之所憂也。若夫一身之屈伸，一家之飢飽，世俗之榮辱得失，貴賤毀譽，君子固不暇憂及此也。

譯文

君子的立志，當立下民胞物與的氣度、内聖外王的功業。有這樣的志向後，纔不愧爲父母之所生，不愧爲天地之間的完人。所以，君子的憂慮，是以自己不如舜不如周公那樣的人作爲憂慮，以道德没有修煉、學問没有講求作爲憂慮。故而，有愚頑百姓不從教化的事發生則憂慮，有野蠻的外族侵犯華夏民族的事發生則憂慮，有小人佔據要位、賢才受到壓抑的事發生則憂慮，有普通老百姓没有得到自己的惠澤的事發生則憂慮。這就是所謂對天命不順的悲嘆和對世人困厄的憐憫，這纔是君子所應當憂慮的。至於自己一身的屈與伸，一家的飢與飽，世俗對自己所加的榮與辱、得與失、貴與賤、毀與譽，這些事情，君子則没有時間去憂慮。

評點

這段文字出自道光二十二年十月二十六日給諸弟的家書。後世論者常説曾氏入京後不久便立下了澄清天下之志，這段話應是此説的一個佐證。

一個人，尤其是一個以社會爲主要活動舞臺的男人，幾乎都會對自己的人生活動領域有所選擇，對自己在此領域内能達到的目標有所期許，對社會將可能給予自己的關注和回報有所盼望，這就是所謂的志向。人的志向有大有小，對所立志向的追求過程有長有短，這中間的差異源於天賦、教育、胸襟、能力和環境等等。曾氏進京不久後便能立下這種『澄清天下之志』，除天賦和胸襟等因素外，重要的是環境的變化：由湖南變爲京師。這種變化首先意味着他由一個普通老百姓變爲國家官員，而且是出身清貴的天子近臣，在他面前展開的是一條通向錦繡前程的寬闊大道。他既對自己的能力充滿了信心，又會很自然地加大自身的責任感和使命感。這個變化的另一點是他的周圍有一個很優秀的師友圈。這個師友圈讓他通過對《朱子全書》的研讀，真正明白程朱理學的精粹，即養民胞物與之量、成内聖外王之業。

在當時讀這段話的曾氏的幾個弟弟看來，大哥未免有點矯情：難道你就對自己一身的屈伸、得失、貴賤、毀譽，真的没有時間去憂慮嗎？真的就這樣無私嗎？事實上，曾氏也不是這樣的純粹。他對大考、遷升等關係一己伸屈的事也看得很重。解讀曾氏所説的這段話，宜從方向着眼、從大處着眼。所謂從方向着眼，即立下君子大志後，今後努力的方向便是修煉人格，關懷衆生。以百姓社稷爲懷，不再一切都從一身一家的利益出發。從大處着眼，即國事、家事、天下事，儘管是事事都關心，但得有個先後主次，更多的時間、更大的精力應放在國事和天下事上，家事宜往後挪。這就是所謂國爾忘家，公爾忘私。人的意識經過這樣一番調整後，其境界就大爲提升了。

從這個意義上説，我們提倡青年應當立志，而且不妨將志向立得高遠些。立下一個高遠的志向後，人生的努力方向便會在一個相當長的時期裏鮮明突出。精力和時間的分配也便會在一個相當長的時期裏輕重得宜。一個人能在一段相當長時期裏這樣地生活，他的事業豈能不成？他的生命品質豈能不高檔？

原文　君子慎獨

獨也者，君子與小人共焉者也。小人以其爲獨，而生一念之妄，積妄生肆，而欺人之事成。君子懔其爲獨而生一念之誠，積誠爲慎，而自慊之功密。彼小人者，一善當前，幸人之莫我察也，則趨焉而不決。一不善當前，幸人之莫或伺也，則去之而不力。幽獨之中，情僞斯出，所謂欺也。惟夫君子者，懼一善之不力，則冥冥者有墮行，一不善之不去，則涓涓者無已時。屋漏而懍如帝天，方寸而堅如金石，獨知之地，慎之又慎。

譯文

獨處這一現象，君子與小人都會遇到。小人因爲他獨處，於是産生一個非分念頭，纍積非分念頭便生出放肆之心，如此欺騙人的事就出來了。君子因爲他獨處，於是産生一個誠信的念頭，纍積誠信念頭便生出謹慎之心，如此自我鞭策的功夫更周密。那些小人，面對着一件善事，慶幸别人不察覺，

則爲善不果决。面對着一件不善的事，慶幸别人或許不會看到，則避之不力。在一人獨處的時候，性情中的虛僞一面便出來了，這就是所謂欺。衹有君子，擔心一件善事辦得不力，則冥冥之中品行墮落，一件不善事不離去，則惟恐不良之心雖小却無停止之時。在自己的家中都覺得有上天在監督，一顆心堅如金石，身處惟有自己一人知道的境地，應謹慎又謹慎。

評點

『君子慎獨』這句話，出於《禮記·中庸》：『是故君子戒慎乎其所不睹，恐懼乎其所不聞。莫見乎隱，莫顯乎微，故君子慎其獨也。』又見於《禮記·大學》：『所謂誠其意者，毋自欺也……故君子必慎其獨也……此謂誠於中，形於外，故君子必慎其獨也。』慎獨，即謹慎地對待無人知曉無人監督時的獨處行爲。這是自修自律者的最高境界，所以聖賢衹要求君子去做，而不要求小人去做。

道光二十一年，進京一年後的曾氏便拜理學家唐鑒爲師，研習程朱理學。這種研習，不是做學問，而是切切實實地將程朱所主張的那一套在自己身上實現。程朱的那一套實際上是聖人境界，與凡人境界有極大的差距，要脱離凡人境界進入聖人境界是很難很難的，人的本性使然及定力的欠缺，使得曾氏常常在一邊研習一邊又不斷地犯常人之錯。於是曾氏藉日記來天天檢查，天天反思，並將這種反思提到慎獨的高度。大約就在這段時期，曾氏作《君子慎獨論》，詳辨君子與小人獨處時的不同，説明慎獨的重要。梁氏所抄録者，係出於此文。

此段有『屋漏』一詞，其詞義與今天不同，特爲略作點説明。『屋漏』出於《詩·大雅·抑》：『相在爾室，尚不愧於屋漏。』古人把居室內的西北角設置小帳的地方稱之爲屋漏，故而屋漏即私室的代

稱。詩句的意思是説，即便在自己家裏，也不做有愧於心的事。

原文　讀書要有志有識有恒

士人讀書，第一要有志，第二要有識，第三要有恒。有志，則斷不甘爲下流。有識，則知學問無盡，不敢以一得自足；如河伯之觀海，如井蛙之窺天，皆無見識也。有恒，則斷無不成之事。此三者，缺一不可。諸弟此時，惟有識不可以驟至，至於有志、有恒，則諸弟勉之而已。

譯文

知識分子讀書，第一要有志向，第二要有識見，第三要有恒心。有志向，則絶對不甘心處於底層。有識見，則知道學問是没有窮盡的，不敢以一點點所得爲滿足；比如用河伯的眼光看大海，用井底之蛙的角度來窺測天空，這都是没有見識的原故。有恒心，則絶對没有辦不成的事情。這三個方面，缺一都不行。眼下各位老弟，衹有在識見這方面不可能很快達到較高的層次，至於有志向、有恒心這兩方面，則完全可以期盼於自己的努力。

評點

曾氏在這裏對士人於讀書一事上提出三個要求，即有志、有識、有恒，其實，不衹是士人，也不衹是讀書一事，我們每一個想好好活在世上的人，若希望做出一樁較大的事情，都應該有志、有識、有恒。有志、有恒，在此不詳説，這一段專來説幾句『有識』。

所謂識，就是一個人對自身和自身之外世界的瞭解與看法。人的『識』，以所知爲基礎。知積累得越豐富，對人和事的瞭解就有可能越清楚，看法也就有可能越接近其本質。知的積累來自多種途徑，讀書固然是最重要的一條途徑，還有一個重要的來源便是閲歷。看的多，感受的多，經歷的多，知也便自然多了。人的識，以『見』爲可貴。通常將此稱之爲見識或識見。識的最後落脚點乃在於對人事的認知與判斷，這個認知的準確度與判斷的正確否，便是『見』。它與知有關，但又不完全取決於知的多寡，而與一個人的思維力、領悟力、創造力關係更大。人們常説的書獃子、兩脚書櫃、書蛀等等，便是指裝了滿肚子書本資料却没有自己見識的人。由於缺乏最後落脚點，這種所謂知識再多也作用不大。而『見』又以遠見和創見尤爲寶貴。因爲有遠見，則可預爲準備；因爲有創見，人類文明纔得以發展。以筆者看來，曾氏所提出的志、識、恒三者中，識最爲難得，也最爲重要。

原文　人生宜求缺

凡盛衰在氣象，氣象盛則雖飢亦樂，氣象衰則雖飽亦憂。今我家方全盛之時，而賢弟以區區數百金爲極少，不足比數。設以賢弟處楚善、寬五之地，或處葛、熊二家之地，賢弟能一日以安乎？凡遇之豐嗇順舛，有數存焉，雖聖人不能自爲主張。天可使吾今日處豐亨之境，即可使吾明日處楚善、寬五之境。君子之處順境，兢兢焉常覺天之過厚於我，我當以所餘補人之不足；君子之處嗇境，亦兢兢焉常覺天之厚於我；非果厚也，以爲較之尤嗇者，而我固已厚矣。古人所謂『境地須看不如我者』，此之謂也。來書有『區區千金』四字，其毋乃不知天之已厚於我兄弟乎？兄嘗觀《易》之道，察盈虛消息之理，而知人不可無缺陷也。日中則昃，月盈則虧，天有孤虛，地闕東南，未有常全而不缺者。

《剥》也者，《復》之至也。君子以爲可喜也；《夬》也者，《垢》之漸也，君子以爲可危也。是故既吉矣，則由吝以趨於凶；既凶矣，則由悔以趨於吉。君子但知有悔耳。悔者，所以守其缺，而不敢求全也。小人則時時求全。全者既得，而吝與凶隨之矣。衆人常缺而一人常全，天道屈伸之故，豈若是不公乎！

今吾家椿萱重慶，兄弟無故，京師無比美者，亦可謂至萬全者矣。故兄但求缺陷，名所居曰：求闕齋。蓋求缺於他事，而求全於堂上，此則區區之至願也。家中舊債不能悉清，堂上衣服不能多辦，諸弟所需不能一給，亦求缺陷之義也。內人不明此意，時時欲置辦衣服，兄亦時時教之。今幸未全備，待其全時，則吝與凶隨之矣，此最可畏者也。賢弟夫婦訴怨於房闥之間，此是缺陷，吾弟當思所以彌其缺，而不可盡給其求，蓋盡給，則漸幾於全矣。吾弟聰明絶人，將來見道有得，必且韙余之言也。

譯文

擧凡興盛與衰落都體現在氣象上。氣象旺盛，儘管飢餓也感覺快樂；氣象衰敗，儘管温飽也會令人擔憂。現在我們家正處在全盛的時候，而賢弟認爲區區數百兩銀子是很小的一筆錢，夠不上一個數目。假如將賢弟處在楚善、寬五的位置，或者處在葛、熊兩家的位置，賢弟能夠安心過得了一天嗎？人所遭遇到的處境是富是窮是順利是多挫折，這是有天數安排的，即便是聖人也不能完全由自己做主。天可以使我今天處在富裕順利的境地，也就可以使我明天處於楚善、寬五的境地。君子處於順境時，戰戰兢兢地常覺得老天特別厚待我，我應當用自己的多餘部分彌補別人的不足處。君子處於逆境，也戰戰兢兢地常覺得老天厚待我；並不是真正地厚待，而是與那些更糟糕者比，我已得到厚待了。古人所説的『處境要看不如我的』，就是説的這個意思。來信中有『區區千金』四個字，豈不是太不知上天已經厚待我們兄弟了嗎？兄曾經研究過《周易》的大道理，琢磨宇宙間盈虛消息的規律，從而知道人生在世是不可能没有缺陷的。太陽升到中天後便開始西斜，月亮圓滿後隨即虧缺，天有它的不足，地在東南邊缺失，没有總是完美而不虧缺的。《剥》卦之後緊接着的是《復》卦，君子認爲這是可喜的。《夬》卦出現後，《垢》卦便跟着來了。君子認爲應該産生危機意識。所以，在遇到吉利的時候，常會因忘乎所以而走向凶危；在遭到凶危時，則又會因警惕自省而走向吉利。故而君子衹知道有警惕自省。存警惕自省的意識，於是保守它的欠缺，而不敢去追求圓滿。小人則常常追求圓滿，圓滿一旦得到，耻辱和凶危也便隨之而來了。多數人常常有缺陷，而我一個人經常圓滿，在上天規律中的屈與伸這方面，難道能這樣不公平！

現在我們家祖父母、父母健在，兄弟姊妹整齊，京師中没有可以比美的，也可以算得上萬全之家了。故而我衹求缺陷，以『求闕齋』來作爲寓所之名，目的在於以其他方面的欠缺，來求取家中祖父母、父母的齊全。這就是我小小的胸中最大的願望了。家裏的老債不能够全部還清，祖父母父母的衣服不能够多置辦，各位兄弟所需要的不能够都滿足，也是求取缺陷的内容之一。你們的嫂子不明白這裏面的深意，時時刻刻想置辦衣服，爲兄的也時時刻刻在教導她。如今幸而没有完全齊備，等到完全齊備時，則耻辱與凶危也便隨即到了。這是最可怕的事。賢弟夫妻在私房裏訴説着不滿，這就是缺陷。賢弟應當想怎麽樣來彌補這個缺陷，但又不能够有求必應，如果全部滿足了，則又接近於圓滿了。賢弟是聰明絶頂的人，將來於天地間的大道理有所理解時，必然同意我的這番話。

評點

這一大段話，出於道光二十四年三月初十日給國華、國荃兩弟的信。這是一封較長的信。它的背景是曾氏於先一年充任四川鄉試主考官，得到一筆較爲豐厚的報酬，於是寄一千兩銀子回家，囑咐以其中六百兩作爲還債及家中零花之錢，剩下的四百兩則拿來饋贈戚族。曾氏的這個安排遭到諸弟的反對，他們不同意在家裏仍舊銀錢拮据的時候分出這大一筆數目來送人。在長沙讀書的國華、國荃給大哥寫信説明他們的觀點。曾氏接到兩個弟弟的信後，寫了這封信。關於曾氏的這封信，《唐浩明評點曾國藩家書》一書中有較爲詳細的議論，這裏就不再多説了。這段話之意重在將曾氏『求缺』的思想介紹給讀者，此次評點，就來多説幾句『求缺』。

居京師期間，曾氏寫過一篇名曰《求闕齋記》的文章。闕者，缺也。文章一開頭便説：『國藩讀《易》，至《臨》而喟然嘆曰：剛浸而長矣，至於八月有凶，消亦不久也，可畏也哉！天地之氣，陽至矣，則退而生陰；陰至矣，則進而生陽。一損一益者，自然之理也。』信中説『兄嘗觀《易》之道』，可見曾氏的求缺思想是來自《易經》的啓發。人們讀《易》，通常都很容易感受它所提倡的『天行健，君子以自强不息』的陽剛强健的觀念。其實《周易》最值得研究的是它的『剛柔相摩，八卦相蕩』，也就是『一陰一陽之謂道』的思想。曾氏讀《周易》時，看出了這種思想，並且對他有很大的觸動和啓迪，他用『盈虚消息之理』來表述之。

曾氏以『盈虚消息』的眼光來看待宇宙間的事物：日中則昃，月盈則虧，天有孤虚，地闕東南，天地萬物『未有常全而不缺者』。他認定這是一條帶普遍性的規律，並因此而領悟到，人類社會也受

這條規律的支配。不可能衹盈不虚，衹息不消，而是如同宇宙間的事物一樣，盈滿後即出現虚缺，長息之後即爲消減，曾氏於此進一步悟出，盈滿是瞬間片刻的狀態，虚缺則是經年纍月的常態，若拼命追求盈滿，緊接而來的虚缺，就將會給人帶來沮喪。而這種追求，從思維方式來講，一開始就是錯誤的，因爲它近於貪婪，而保持具有虚缺的常態纔是與規律相符的觀念。曾氏因此而更進一步想到，對於一個境遇良好的人來説，要有意識地求得缺陷，如此方可形成平衡的態勢，從而將良好的境遇長久保持。

這是曾氏從《周易》中對自然界『盈虚消息』的觀察而施之於人世的領悟，其實，也很可能是作《易》者在洞悉人情世故後，藉助天文地理來啓示讀者。認真讀書的人，則可以通過天文地理來悟到作者的深邃用心。《繫辭》説：『作《易》者，其有憂患乎？』其中所透露的，便是此中信息。筆者認爲，自然界的陽極而陰，與人世間的盛極而衰，在内在的因素中確有相通之處。這種内在的因素極有可能便是無論宇宙還是社會，都需要有一種制衡的力量。在此力量的約束下，達到對稱平衡。宇宙或社會，也衹有在對稱平衡的狀態中纔能形成穩定的局面。從這個角度來看，『盈虚消息』確爲中華文化的一個大智慧，仔細咀嚼，慢慢體味，它是可以給我們很多收益的，真正明白這個大智慧後，人生當有境界意義上的升華。

原文　將仁心變爲行動

凡仁心之發，必一鼓作氣，盡吾力之所能爲，稍有轉念，則疑心生，私心亦生。疑心生，則計較多，而出納吝矣；私心生，則好惡偏，而輕重乖矣。

譯文

凡是仁愛的念頭一旦生發，必須一鼓作氣，盡自己的力量去努力將它落實到具體作爲上，稍微有點轉念出來，則疑心產生，私心也跟着產生。疑心一生，則考慮計較就多起來，在送出與拿進這兩方面便會變得小氣；私心一生，則好惡上出現偏差，對事情輕重的處置便會有錯誤。

評點

這一段話亦出自上封信。針對兩弟言及家中已負債千兩，不應再拿出四百兩贈人的話，曾氏說家中負債情況他不清楚，若真的如此，則送人一事就不會提了，但現在或許族戚們都已經知道，不便改口，則祇能聽從堂上老人們的意見。接着，曾氏寫出這段話。這段話裏有三個重要的詞，即仁心、疑心、私心。曾氏說，當人生發出仁心時就要立即將這個好的心願化爲實際行動。不然，疑心、私心便很快產生，好事就做不成了。讀完這段話後，給人的感覺是，仁心不及疑心與私心的强大，三者中祇有仁心一者獨存的話，纔能辦好事。若一旦三者並存，一定是後兩者聯合起來取勝。

孟子説『仁者愛人』，『仁心』的最大體現便是愛別人之心，『私心』恰恰是與『仁心』相對的愛自己之心。人的私心即愛自己之心是人與生俱來的本性，它根深蒂固，牢不可破，不需要任何人的指點便自發滋生。『仁心』却是要經過長期教育和培植之後上升到一個更高的境地纔會自覺的擁有，故而『仁心』不敵『私心』。『疑心』的產生則是源於社會的影響。人在『私心』的導引下，會做出種種祇利於自己而不考慮別人的事。人群的這種心態一旦形成一種社會現象時，這種社會現象又反過來對別人的思維做出干擾，干擾的結果便是導致『疑心』的產生，故而『疑心』也是與『私心』緊密相聯的。『私心』本就强大，再加上『疑心』，兩者聯合，力量便愈加强大。『仁心』在它們面前處於下風，則是很自然的事。曾氏洞悉此種人情，指出在『仁心』生發時，趁着『疑心』尚未起，便要一鼓作氣，將『仁心』貫徹到實際作爲中，因爲祇有實際作爲纔是具有社會價值的。曾氏這段話的最大意義，在於給人們找出一個克服人性弱點的良法。

事實上，曾氏的這點『仁心』，也没有敵得過家中衆人一致的『疑心』與『私心』。『四百兩銀饋贈戚族』一事，湘鄉老家一直未給京師寓所一個明確的信息反饋，估計没有照辦。

原文　德行上的五條告誡

五箴

少不自立，荏苒遂泊今茲。蓋古人學成之年，而吾碌碌尚如斯也，不其戚矣！繼是以往，人事日紛，德慧日損，下流之赴，抑又可知。夫疢疾所以益智，逸豫所以亡身，僕以中材而履安順，將欲刻苦而自振拔。諒哉，其難之歟，作五箴以自創云。

立志箴

煌煌先哲，彼不猶人。藐焉小子，亦父母之身。聰明福祿，予吾者厚哉！棄天而佚，是及凶災，積悔累千，其終也已。往者不可追，請從今始。荷道以躬，輿之以言，一息尚活，永矢弗諼。

居敬箴

天地定位，二五胚胎。鼎焉作配，實曰三才。儼恪齋明，以凝汝命。汝之不莊，伐生戕性。誰人可慢？何事可弛？弛事者無成，慢人者反爾。縱彼不反，亦長吾驕，人則下汝，天罰昭昭。

主靜箴

齋宿日觀，天鷄一鳴，萬籟俱息，但聞鐘聲。後有毒蛇，前有猛虎，神定不懾，誰敢余侮！豈伊避人，日對三軍。我慮則一，彼紛不紛，馳騖半生，曾不自主，今其老矣，殆擾擾以終古？

謹言箴

巧語悅人，自擾其身；閒言送日，亦擾汝神；解人不誇，誇者不解；道聽途説，智笑愚駭。駭者終明，謂汝實欺；笑者鄙汝，雖矢猶疑。尤悔既叢，銘以自攻；銘而覆蹈，嗟汝既耄。

有恒箴

自吾識字，百歷洎兹。二十有八載，則無一知。曩以所忻，閲時而鄙。故者既抛，新者旋徙。德業之不常，日爲物牽，爾之再食，曾未聞或愆？黍黍之增，久乃盈斗。天君司命，敢告馬走。

養身要言

——癸卯入蜀道中作

一陽初動處，萬物始生時，不藏怒焉，不宿怨焉。『仁』所以養肝也。

内而整齊思慮，外而敬慎威儀，泰而不驕，威而不猛。『禮』所以養心也。

飲食有節，起居有常，作事有恒，容止有定。『信』所以養脾也。

擴然而大公，物來而順應，裁之吾心而安，揆之天理而順。『義』所以養肺也。

心欲其定，氣欲其定，神欲其定，體欲其定。『智』所以養腎也。

譯文

五箴

少年時没有奮發自立，歲月虛度以至於今日。想想已到古人學問有成的年齡，而我尚如此碌碌無爲，心情甚爲悲感！若還是像現在這樣過下去，人事日漸紛雜，道德智慧日漸喪失，前途的低下，是可以預知的。疾病能導致知識的增進，享樂則可以招來身亡，我以一個中等材質的人而身處順暢的境地，將要刻苦努力而自我振作，明擺着的是一樁很難的事，故而作五條箴言來自勵。

立志箴

光輝奪目的前代賢哲，他們也是人群中的一員，渺小不足道的我，同樣是父母所生，上天給我的聰明福氣和俸禄太豐厚了。拋棄上天的厚愛而放縱不止，這將招致凶災，光祇是無窮盡的後悔，到死也不會有長進。過去的已不可追回，請從今天開始從嚴要求。肩擔道義親身實行，藉助文章曉喻世人，祇要一息尚存，將永不忘記所發的誓言。

居敬箴

天與地各自有固定的位置，男女交合生下了人，天、地、人像鼎之三足互爲配合，實在可稱爲三才。莊嚴敬肅洗滌心垢，以此堅固自己的生命。你若不莊重，將會濫用精力情性。哪一個人是可以怠慢的？哪一件事是可以掉以輕心的？對事掉以輕心則事不成，怠慢别人的人，别人也會以這種態度對你。縱然别人不這樣待你，也會助長我自己的驕傲，那麽别人就會看低你，天理懲罰是明明白白的。

主靜箴

素食端謹地夜宿山頂寺院，破曉鷄高聲啼叫，各種聲音全部停息，祇有鐘聲在悠揚遠播。後面有毒蛇，前面有猛虎，神智安定心不膽怯，誰敢侮辱我！豈能避得開人事，每天好比面對三軍。我本人的思慮堅定不二，外界再紛雜我心不紛雜。殫精竭力追索半生，現已慢慢走向老境，難道就這樣忙忙碌碌而到死嗎？

謹言箴

好聽的話能取悅別人，但自身要多費精力；閒聊既耗費時日，又損傷你的精神。真正明白事理的人不自誇，自誇者則並不是十分明白的人。傳播道聽途說來的消息，智者會嘲笑愚者會一時恐駭。恐駭者終究會明白過來，將會責備你欺騙了他。嘲笑者會鄙薄你，你即便賭咒發誓他也會對你的話懷疑。怨尤與後悔既然與多言匯聚，我何不作此銘來自己攻擊這個弱點。若作此銘後又重蹈覆轍，則祇能嘆息是老糊塗了。

有恒箴

自從我發蒙識字以來，歷經種種世事而到今天，已過去二十八年了，還一無所知。過去常常是對自己所喜歡的事情，沒有多久就厭棄。舊的東西既已拋去，新的東西也很快又被放置。修德從業不能有恒，是被俗務所牽累。你一再說話不算數，也曾聽說過這是要獲罪咎的嗎？穀粒一顆顆增加，時日一久可以使斗斛盈滿。上天神靈，以此啓發您的奴僕吧！

養身要言

——癸卯年進入蜀道上作

如一輪朝陽初升東方，如萬物萌生細芽，內裏不藏怒火，不留怨氣。右邊所說的是『仁』，用來保養肝臟。

內心思慮合乎規範，外表莊重謹慎儀容威嚴，處境好時不驕盈，威嚴而不兇惡。右邊所說的『禮』，用來保養心臟。

飲食有節制，起居有常規，做事有恒心，舉止有定力。右邊所說的『信』，用來保養脾臟。

襟懷寬闊大公至正，順其自然面對世事，對自心而言覺得安寧，以天理衡量則順順當當。右邊所說的『義』，用來保養肺臟。

心宜讓它安定，氣宜讓它安定，神宜讓它安定，體宜讓它安定。右邊所說的『智』，用來保養腎臟。

評點

《五箴》作於道光二十四年正月初六日，在同年三月十日給諸弟家書中，曾氏將它附於信尾。此時的曾氏，仕途正處順境。先年三月，大考列二等第一，升任翰林院侍講，銜爲從五品，已進入中級官員的行列。六月奉旨充任四川鄉試正主考官，十一月底返回北京，這趟差事讓他名利雙收。仕途的順利給他帶來好心情，也給他增添自信心，故而對自己的期許也更高。《五箴》便是在這樣的背景下寫成的。五箴即五段箴言，在五個方面對自己提出勸諫並立下奮鬥的目標。這五個方面是立志、居敬、主靜、謹言、有恒。這五個方面既是當時社會對士人人格修煉上的要求，也是曾氏自認存在問題較多，必須給予重點檢束的五個方面。簡要地說，曾氏所立的志向是以先哲爲榜樣，從今日做起，一生朝這個方面去努力；其所言居敬爲：處世莊重自愛，待人戒驕戒慢；所說的靜指的是心靜，即氣定神閒，用志不紛；所謂謹言，既包括言辭審慎一面，也有少説話的一層意思在内；所謂有恒，不僅指通常意義上的持久，還含有專一、超脱等内容。

曾氏寫這五段箴言時，正值三十三歲熱血滿懷激情洋溢的青春時期，相信許多年輕時意欲有所作爲的人，也有過類似曾氏此刻的舉動：寫下一些豪情萬丈的文字，作爲對自己的激勵。但的確有不少人，一邊在説要有恒，一邊又抵抗不住外界的干擾和自己的惰性，結果是豪情一天天消落，到頭來説過的話一句也没有落實。面對着往日的文字，惟有慚愧而已。曾氏的過人之處，就在於他年輕時所寫下的這些箴言，終其一生都成爲他行爲的規範，尤其是在他後半生的事業中發揮了重要的實際作用。比如居敬這一點，在他身爲江南軍事集團領袖的年月裏，便體現在以端謹嚴肅的威儀震懾諸將統率三軍，以不驕不慢的態度籠絡天下英豪。早年的個人修養，化爲事業上的巨大收穫。又如謹言方面，他本人謹言慎語，從中獲取許多好處，因而更深知『謹言』的價值。他又以此作爲識别和選拔將領的標準之一，爲湘軍内部培植了一種戒大言而重實務的新風氣。在筆者看來，身處以浮躁標榜爲時代特色的今天，内心寧静和謹言慎語不僅是可貴的品質，同時也是澄清世風的良方。關於《養身要言》，曾氏自注寫於癸卯年入蜀道上，查曾氏日記，道光二十三年八月曾氏行走在四川道上，可知這段話便作於此時。

提起『三綱五常』，近幾十年來盡是討伐之聲。『三綱』，固然該批判，但『五常』却不能一味否定。何謂『五常』，曾氏這段話裏所説仁、禮、信、義、智就是董仲舒所説的『五常之道，王者所當修飭也』。曾氏將儒家品德修養的五個要點移植到養身上來，有他的獨到之處。儒家所提倡的『仁』，是指一個人應當對别人具有愛心。愛心是什麽，曾氏將它比作朝陽初升，萬物始生，一片光明透亮，清純潔净，人所不願見的怒火、怨恨當然不在此中。醫書上説怒傷肝。既無怨怒，肝自然不受傷害。於是，因『仁』而養肝。

儒家所提倡的『禮』，按朱熹的解釋即制度品級，也就是社會秩序的規範。按照社會公認的規範辦事，則較易得體，故而自己的内心也便安寧。『心』得到了很好的保養。《國語》對『信』的解釋是：『信所以守也。』我們常説的『信守』，即出於此。守節、守常、守恒、守定，都是信的表現。飲食上有信，則不暴飲暴食；起居上有信，則生物鐘不遭破壞。這些都對脾胃有好處。

《中庸》説：『義者宜也。』宜者，合適相稱之謂。曾氏將儒家所提倡的『義』理解爲『大公』和『順物』，這樣就將自己的胸襟大爲擴展，藉寬闊的胸襟來滋養肺臟。心、氣、神、體安定，則元氣充足。元氣充足，則腎臟完好。此惟智者可以做到，故『智』可以養腎。

曾氏以五常來養身，就其個别處，不免有牽强附會之嫌，但總體來説大有可取。人們常説養身首在養心，心安則體健。仁、禮、信、義、智不僅是協調人類群體的重要準則，也是個體人用來修心養心的極好藥方。故而，自古以來便有『仁者壽』的説法。它十分精當地説出了道德修養與身體健康之間的關聯。

原文　盡其在我聽其在天

吾人祇有進德、修業兩事靠得住。進德，則孝悌仁義是也；修業，則詩文作字是也。此二者，由我作主。得尺，則我之尺也；得寸，則我之寸也。今日進一分德，便算積了一升穀；明日修一分業，又算餘了一文錢。德業並增，則家私日起。至於功名富貴，悉由命定，絲毫不能自主。

早遲之際，時刻皆有前定，盡其在我，聽其在天，萬不可稍生妄想。

今年受黜，未免憤怨，然及此正可困心積慮，大加卧薪嘗膽之功，切不可因憤廢學。

譯文

我們這些普通人衹有在增進品德、修煉學業這兩樁事情上可以靠得住。説到增進品德，則孝順長輩友好兄弟培植仁心行事得宜即屬於此中内容；説到修煉學業，則做詩文寫字即屬於此中内容。這兩樁事，可以由本人做主。有一尺的收穫，我就得到一尺的效益；有一寸的收穫，我就得到一寸的效益。今天進了一分的品德，就好比積賺了一升穀；明天修煉了一分學業，又好比節餘了一文錢。品德學業並增，則家中財産日漸興隆。至於功名富貴，皆由命裏安排，自己是不能做得一點主的。

功名或早或遲，這個時間都由命裏注定。盡自己的努力，聽任於上天的安排，千萬不可有絲毫的妄想。

今年没有考取，免不了心中憤恨抱怨，然而正因爲此，纔可以使心多遭受磨難從而積纍知識，增加卧薪嘗膽的功夫，切不可由於憤怒而拋棄學業。

評點

這三段話均出自曾氏道光二十四年八月二十九日給諸弟的家書。它的背景是，曾氏的四個弟弟都處讀書應科舉的階段，但却無一人功名得售，四人中連一個秀才都没考上，這次六弟國華的考試又失利，心情沮喪。曾家諸爺們既不是讀書的料子，又個個心高氣傲，給大哥的信中牢騷連篇。針對諸弟

的狀況，曾氏説了這幾段話。曾氏這番話，其本意自然是在安慰功名失意中的諸弟，但因爲立論較高，故對一般讀者亦有指導意義，至少他説出了兩點具有普遍性的道理。

第一，人衹能把握住自己所能把握的部分，對於自己不能完全把握但又想得到的部分，則衹有盡人力而聽之於天。信中所説的能把握的部分是進德、修業，不能完全把握但又想得到的部分是功名。除開這些外，還有很多。比如説，人能自己把握的部分還有珍愛生命、珍惜時間、努力上進、以善心待人、不有意做壞事、自律、節慾等等，也就是説，這些事情，衹要本人盡力去做，是可以做得到的。人不能自我完全把握但又想得到的部分，還有健康、愛情、成就、財富、地位、榮譽、幸福等等，這些東西，人人都想得到，但能不能得到，並不是由個人説了算的，人的盡力可能起某些作用，有的還可能起比較大的作用，但絶不能是全部的作用，它還要受其他因素的制約。那麼怎麼辦？没有别的辦法，也衹能採取曾氏的態度：盡其在我，聽其在天。

第二，將挫折視爲磨煉，藉困難而激勵心志。世上的人，很少有一輩子都一帆風順的，若要辦事，則更多困難。所差别的衹是，有的人坎坷較多，有的人平順較多，有的事辦起來困難少點，有的事辦起來，則困難很大，甚至因困難太大而辦不成。對於挫折、坎坷、困難等，不同的人會有不同的應付方式，這也是構成人與人之間命運不同的重要内容之一。曾氏告訴諸弟的應付方式是困心積慮、卧薪嘗膽。筆者認爲，這是一種强者的選擇方式，或者可以更冷静地説，這是一種理智的方式。所謂理智，就是説，衹能這樣，别無更佳選擇。當然，這些都是對有志做一番事業的年輕人而言。對於他們來説，社會經歷還很有限，意志力也還很單薄，積纍人生閲歷、鍛煉堅强意志，正是日後事業成功的必備基礎。當然，對於中年以上的人來説，面對難度較大的事，『廢』也不失爲一種選擇。這屬於另

一個話題，不在本文討論之列。

原文　常存敬畏之心

此次升官，尤出意外，日夜恐懼修省，實無德足以當之。諸弟遠隔數千里外，必須匡我之不逮，時時寄書規我之過，務使纍世積德，不自我一人而墮，庶幾持盈保泰，得免速致顛危。諸弟能常進箴規，則弟即吾之良師益友也。而諸弟亦宜常存敬畏，勿謂家有人作官，而遂敢於侮人；勿謂己有文學，而遂敢於恃才傲人。常存此心，則是載福之道也。

譯文

這一次的升官，特别出於意外，日日夜夜在心裏恐懼着反省着，深感德行薄弱不足以承受。諸弟在數千里外的家鄉，應當指出我的缺失之處，時常寫信來規勸我的過錯，務必使祖宗世代所積的功德，不從我身上墜落，如此方可期望持盈保泰，免於很快地便遭致傾倒的危險。諸弟若能常常給我進箴言規諫，則你們就是我的良師益友。至於諸弟，也應該常存敬畏之心，不要説家裏有人做官，就敢欺侮别人；不要説自己有才華學問，就敢於恃才傲人。常常保存着這樣的心態，則是承載福分的好方法。

評點

這段話出自道光二十五年五月初五日給諸弟的家信。三天前，曾氏升授詹事府右春坊右庶子，品

銜爲正五品。詹事府是太子屬官。康熙晚年廢預立太子制，而採取遺囑安排繼位制，詹事府便不再是太子的屬官，也無實職，不過備翰林升官而設。右春坊右庶子，是詹事府中的中層官員。曾氏升此官，升的是品銜，所擔負的職責並没有改變。

翰林院、詹事府的官員因實事不多，不宜以業績爲考覈，他們的升官，例以考試而定。道光二十三年三月初十日，道光帝親自主持翰、詹兩個衙門的官員考試。道光帝欽定一等五名，曾氏名列二等第一，也就是考取了第六名，四天後即升翰林院侍講。而這次未經考試而升官，故而曾氏説『尤出意外』。人們對於這類意外之喜，通常會有兩種不同的態度。一部分人認爲自己是個才大運氣好的人，從而沾沾自喜，得意忘形。一部分人則認爲這屬於分外之得，易遭人嫉，應格外警惕自省，收斂退抑。中國的傳統文化是推崇後一種取向的。

有一句古話説『暴得大名不祥』（見《史記·項羽本紀》）。這句話就是提醒人們要慎對意外之喜。暴者，突如其來、出乎意料之謂也。許多人對此不善於處置，則反而將招致災禍。此時宜特别小心謹慎，避免成爲别人因嫉生恨的發泄對象。

原文　不取非道義之財

若非道義可得者，則不可輕易受此。要做好人，第一要從此處下手，能令鬼服神欽，則自然識日進，氣日剛，否則不覺墮於卑污一流，必有被人看不起之日，不可不慎。諸弟現處極好之時，家事有我一人擔當，正好做個光明磊落、神欽鬼服之人，名聲既出，信義既著，隨便答言，無事不成，不必愛此小便宜也。

譯文

若非從道義上説是可以獲取的話，則不應該隨隨便便就接受這樣的好處。要做一個好人，第一要從這點上着手，纔能令鬼神都佩服，如此自然見識上日日上進，底氣上日日剛直，否則不知不覺間便落於卑污一流中，必定會有被人看不起的一天，不可不謹慎。諸弟現在處於家中最好的時候，家事有我一人承擔，你們正好做一個光明磊落神鬼佩服的人。名聲一旦建立，信譽也就跟着來了，今後隨便説一句話，别人都相信，没有辦不成的事，不必要貪這樣的小便宜，因小失大。

評點

這段話出自道光三十年正月初九日給諸弟的家信。此時的曾氏，官運正處極好之時。道光二十七年六月，他一夜之間連升四級，從翰林院侍講學士升到内閣學士兼禮部侍郎銜，由中級官員進入高級官員行列。道光二十九年二月，他被實授爲禮部侍郎。正式做起六部堂官來，後來又先後兼任兵部、工部、刑部、吏部侍郎。

這幾年來的曾氏，除謙虛謹慎、勤勉辦事外，更加注重自己的名聲和形象。這段與諸弟的家常話，便是在如此背景下説的。話由一個遠房族叔收受非分之銀錢而起，曾氏藉此引出『君子愛財，取之有道』的議論來。中國的士人，傳統上極爲看重在兩樁事情上的表現：一爲出處，二爲錢財。

所謂出處，指的是出與處兩個方面。出者，出來做官之意，延伸開來，則泛指在官場上的升遷調轉等變動；處者，隱退之意，延伸後則包括官場上的辭謝避讓等行爲。無論出也罷處也罷，傳統士人

看重的是在此事上的操守，也就是説要守住原則，所謂『達則兼濟天下，窮則獨善其身』，説的便是一種出處的原則。這當然屬於很高的要求，更爲普遍的原則是出則堂堂正正，不是靠巴結行賄假冒政績或拉幫結派等獲得，爲官則清正廉明爲民做主、爲一方造福；處則清清白白，不是背信棄義、臨陣脱逃，或意氣用事等等，爲民則安於本分，不干預地方政事，不侵凌平民百姓等等。

在錢財上，一是來源要合乎正道，二是用之得宜，如不揮霍浪費、不小氣吝嗇等等。在這兩樁事情上，一個士人是如何表現的，通常是士林衡量他的重要依據。曾氏正是在錢財這件事情上，告誡諸弟不義之財不要接受。但是，要在『錢財』二字上真正做到清清白白、乾乾净净，則是極不容易的事。這種不容易，一則是人性中有『貪』的一面，見到白花花的銀子不動心的人很少，尤其是在不易被人察覺，或可以假借正當名目獲取的情况下，仍然堅持操守的人更少；二則堅持操守還得要有一定的財産基礎。同樣的一筆錢，對於家中富裕的官員來説，他可以不動心，但對於清貧或此時急需用錢而無從籌措的官員來説，他就有可能順手牽羊牽走了。故而，歷代官場都奉行『高薪養廉』的政策，其目的便在於用較豐厚的合法收入來保证官員們自覺地拒絶非法收入。曾氏深悉人性人情，知不愛分外財的好名聲極難獲得。因此，他用十分直白的話告訴諸弟，趁着家中不缺錢而你們又不當家不需用錢的時候，把這個好名聲造出來，今後將受益無窮。這的確是一個兄長對諸弟的最大愛護。

原文　除去牢騷培養和氣

無故而怨天，則天必不許，無故而尤人，則人必不服。感應之端，自然隨之。

凡遇牢騷欲發之時，須反躬自思：吾果有何不足，而蓄此不平之氣？猛然内省，决然去之。不惟

平心謙抑，可以早得科名，亦且養此和氣，可以消減病患。

譯文

無緣無故而埋怨老天爺，則老天爺必不允許；無緣無故而怨恨別人，則別人必不服氣。這種連帶的反應，是自然而然就會跟隨來的。

凡是遇到想發牢騷的時候，必須自我反思：我當真有什麼不滿足的地方嗎？爲何要在胸中堆積這股不平之氣呢？猛地在心裏進行反省，然後斷然去掉這股牢騷氣。這樣做，不但可以使得心境平和謙退，早日博得功名，而且可以培養和順之氣，消除減輕病痛。

評點

這兩段話出於咸豐元年九月初五日致諸弟的家信。曾氏本人的仕途是春風得意，一路順暢，但家中的弟弟們却科場並不太順。國荃、國葆也祇止於秀才而已。諸弟在大哥的面前，都抬不起頭來，心中既認晦氣更蓄怨氣。其中尤以六弟温甫最甚。曾家這位出撫叔父的六少爺，自視最高，傲氣最大，因而不滿也最甚，牢騷也最多。在『無故而怨天』一段之前，曾氏是這樣説他這個六弟的：『温弟天分本甲於諸弟，惟牢騷太多，性情太懶。前在京華不好看書，又不作文，余心即甚憂之。近聞還家以後，亦復牢騷如常，或數月不搦管爲文。吾家之無人繼起，諸弟猶可稍寬其責，温弟則實自棄，不得盡諉於命運。』從曾氏這段話中，可知温甫本身有很嚴重的缺點，即太懶。除懶外，這位六少爺還行爲放蕩，貪玩好嫖。一個二十多歲尚未爲家中賺得分文的人，居然逼得長輩無可奈何，同意爲他娶妾！

温甫是天下牢騷多者的一個典型。他的典型性在兩點：一是祇怨天尤人而不檢查自己，二是因怨尤而走向放縱。曾氏説的『感應』，看似虛玄，其實很有道理。所謂『怨天』中的『天』，指的是命運。命運既有客觀限定的一面，也有主觀掌控的一面。怨天者的目光祇盯在『客觀限定』上，則就會放棄『主觀掌控』，命運可塑的一面一旦放棄，則祇會越來越不好，這就是『天必不許』。所謂『尤人』就是埋怨別人。世上有幾個人，會無緣無故地去接受他人的埋怨呢？其結果祇能是導致人際關係更差，人爲設置的障礙更多，事情弄得更糟糕，這就是『人必不服』。此感彼應，就是這樣形成的。遭遇不順時，最有可能做到也最有效的處置辦法，就是曾氏所説的『反躬自省』，通過反躬自省去怨氣而養和氣，不但於事功有利，且於養生有助。

原文　盡心做事不計成敗

吾惟盡一分心，作一日事，至於成敗，則不能復計較矣。

譯文

我祇有盡自己的一份心，來做好每一天的事情，至於是成還是敗，則不能再去計較了。

評點

這句話出自於咸豐四年四月十四日給諸弟的信。此時的曾氏，其身份已與先前有了很大的改變，由一個京師的高級文官變成地方上的統兵大員。一方面是曾氏本人毫無軍營知識，完全的軍事外行，另一方面是湘軍匆忙成軍，除開幾個臨時調來的綠營軍官外，絕大部分將領和所有的團勇也全部是外行；再則，一方面是清廷官場從上到下一片腐敗，財經既枯竭，文武又都辦事不力，且嫉賢妒能；另一方面是太平軍正在興旺發達時期，士氣高昂，戰鬥力強，軍事上連連得手。改變身份後的曾氏，處於各個方面都對他極爲不利的環境中。就在十二天前，曾氏親率一支水陸齊備的人馬，攻打駐紮在離長沙約一百里的靖港的太平軍。交戰不到一頓飯功夫，湘軍水陸即全綫潰敗。曾氏初次帶兵便遭此慘敗，又愧又憤，投水自殺，幸被下屬救起，免於一死。曾氏在向諸弟敘述這場敗仗後，打算『添招練勇』『再作出師之計』，然而『餉項已空，無從設法，艱難之狀，不知所終。人心之壞，又處處使人寒心』。於是，他說了這句盡心做事、不計成敗的話。

曾氏這句話，說的雖是他在特定環境下的心態，實則具有普遍意義，也是我們普通人在做事業時所應有的一種心態。

任何一樁稍具規模的事業，必有它的難度，通常是其難度的克服程度，決定其事業成功的大小；而難度的克服取決於主觀與客觀兩個方面。客觀方面的因素，大多不以辦事者的意志爲轉移，衹有辦事者主觀方面的因素，纔會由自己控制。如果認定一樁事非辦不可，最好的態度就是充分發揮辦事者的主觀能動性，先不去管客觀方面的因素如何。正因爲客觀方面的因素不去管，那麽事情的成與敗便說不準；爲不干擾決心，衹有採取先不考慮的態度。這就是曾氏所說的盡心做事、不計成敗的態度。以這種態度去辦事，尚有成功的可能性；若一開始便被外在的困難所嚇住，不敢去做，那事情就衹有完全的辦不成了。

原文　生於憂患死於安樂

古人云：『勞則善心生，佚則淫心生。』孟子云：『生於憂患，死於安樂。』吾慮爾之過於佚也。

譯文

古人說：『勤勞則爲善之心産生，安佚則淫亂之心滋生。』孟子說：『生存處於保持憂患意識之中，滅亡則因爲耽於享樂。』我擔心你的生活過於安逸了。

評點

這句話出於咸豐六年十月初二日，曾氏給長子紀澤的信中。咸豐六年三月二十一日，紀澤與賀長齡的女兒成親。與賀家聯姻的事，早在五年前就由曾氏父親竹亭公做主定下來了。紀澤生於道光十九年十一月，按現在的方式計算，他結婚時，僅止十六足歲，但按舊時虛歲算，則是十八歲的成人了。曾氏結婚時，已滿二十二足歲，以他的思想，是並不想讓兒子這麽早就結婚的。他在另外的一封家書中引用湖南俚語『床頭多雙足，詩書束高閣』。他贊同這句話，認爲結婚後對讀書求學有影響，尤其對十六七歲的少年來說，因缺乏自制而影響更大。紀澤早婚，多半是因爲其祖父的原因。竹亭公此時已六十七歲，老伴去世多年，心靈孤獨，且又多病，擔心存世不久，賀氏出自名門，又是他竭力堅持的，他盼望長孫早日完婚生子，曾家的四世同堂，在他作爲曾祖父時再次出現。此外，亂世早爲兒孫辦親事，也是中國人一貫的處世心願。出於此念，歐陽夫人與親家母賀太太（賀長齡已去世多年）也一定抱着與曾老太爺同樣的心情。於是，實歲不滿十七歲的曾紀澤便提前做了新郎倌。

曾氏對二子的家教，『做人』更重過『爲學』。在人品教育上，他又特别注意要他們養成勤勞不懶惰的習慣。就在寫此信的前幾天，他給年僅九歲的次子紀鴻的信裏寫道：『凡人多願子孫爲大官，余不願爲大官，但願爲讀書明理之君子。勤儉自持，習勞習苦，可以處樂，可以處約，此君子也。』『凡仕宦之家，由儉入奢易，由奢返儉難。爾年尚幼，切不可貪愛奢華，不可慣習懶惰。』

人之所以勞作，最强大的驅動力是爲了生存。富貴人家的子弟，無生存之憂，於是『勞作』的積極性也便不高。其實，勞作的意義不僅僅在於生存，對於人類而言，它還有更高的價值。曾氏引用的『古人云』、『孟子云』，説的便是它的更高層面的價值。『勞則善心生，佚則淫心生』，這兩句話的着眼點在道德層面。因爲自己勞作，會拉近與時間、空間與人群環境的距離，從而産生對身外之物的親近感、融和感；因爲自己勞作，會更知勞作者的艱苦、勞作品誕生的不易，從而産生對勞作者的同情感、對勞作品的珍惜感；因爲自己勞作，會對勞作在人類生存和發展過程中的重要性認識得很深切，從而對勞作本身産生敬畏感、讚美感。親近、融和、同情、珍惜、敬畏、讚美這種種情感都是善心，都是因爲自己親自參加勞作後切身産生的，故而勞則善心生。相反，不勞作，無所事事，則心靈空虚，身無繫着，身心既都無約束，意念、情緒也自然將失去制約，無節制之念的淫心便産生了。『生於憂患，死於安樂』，這兩句話的着眼點在遠景瞻望。憂患意識能促使人常常去想不足，想缺失，想危機。這樣一想，人就多了警覺，多了壓力，從而能保持住精神上的振作，不敢懈怠，如此便生機勃勃，生生不息。相反，安樂讓人陶醉，沉溺而不思進取，懶於興作，時間一久，弊端叢生，危害根本，死亡也就接近了。

曾紀澤身爲曾氏家族的長房長孫，雖無生存之憂，却有本人人品屬性的選擇，有曾氏家族綿延興旺的重擔在肩，做父親的生怕他年少缺乏自制而耽於燕爾新婚不能自拔，故着重於道德層面和遠景瞻望兩個方面予以倡勞戒佚的教導。

原文　戒奢戒傲

世家子弟，最易犯一奢字傲字。不必錦衣玉食而後謂之奢也，但使皮袍呢褂俯拾即是，輿馬僕從，習慣爲常，此即日趨於奢矣。見鄉人則嗤其樸陋，見僱工則頤指氣使，此即日習於傲矣。《書》稱：『世禄之家，鮮克由禮。』《傳》稱：『驕奢淫佚，寵禄過也。』京師子弟之壞，未有不由於驕奢二字者。爾與諸弟其戒之。至囑至囑！

譯文

官宦家的子弟，最容易犯的毛病是一個奢字、一個傲字。不一定非要錦衣玉食而後纔説犯了奢侈的毛病，若是皮袍呢褂隨處都是，坐轎乘馬，僕從前後跟隨，習慣於過這種生活，便已經是日趨於奢侈了。看到鄉鄰，則譏笑别人穿着敝舊見識淺陋，看到家裏的僱工則板着臉孔呼喚訓斥，這就是日趨於傲慢了。《尚書》上説：『世世代代拿俸禄的家庭，其子孫很少能遵循禮義的。』《左傳》上説：『驕傲、奢侈、淫樂、安逸，這些都是因爲官位過高俸禄過多的緣故。』京師中那些惡少們，沒有人不由於驕與奢兩個字的。你與弟弟們都要引以爲戒。這是我最重要的叮囑，最重要的叮囑！

評點

這段話出自咸豐六年十一月初五日，曾氏給長子紀澤的信。此時的曾家，除曾氏本人外，他的六弟曾國華和九弟曾國荃都各領一支人馬在江西作戰，真是實力强大的官宦家族。曾氏在京師官宦圈子裏待了十二三年，深知官家子弟的兩個普遍性的大毛病：一奢二傲。這兩個毛病的産生，是因爲家中的財産多權勢大。曾氏很擔心自己的子侄染上這些個通病，每次給兒侄們的信，都不厭其煩地叫他們引以爲戒。

曾氏這段話中最值得注意的是他的防微杜漸的思想。曾氏進京初期，唐鑒將他引進程朱理學的殿堂，並教他『研幾』。幾者，幾微也。萌芽狀態、細微末節、瑣屑細小等等，都可稱之謂『幾微』。研幾，即重視研究這種幾微。它與朱熹『小者便是大者之驗』、『從細微做起，方能克得如此大』、『古人於小學小事中，便皆存個大學大事底道理在』（見《朱子語類》卷第八）的思想是一脈相承的。曾氏深受『研幾』的影響，平時十分注重細事小事，由細小而及遠大。他給兒子的信中，常常會關照兒子注意日常的舉止言談，培養他從小處做起的好習慣。本來，大是小的纍積，遠是近的延伸，錦衣玉食起自袍呢輿馬，傲視一切起自嗤陋指使。杜絶源頭則可制止洶湧，相比大江大河而言，涓涓溪泉的截斷則容易多了。

原文　不苟取

蓋凡帶勇之人，皆不免稍肥私橐。余不能禁人之不苟取，但求我身不苟取。以此風示僚屬。

譯文

凡管帶勇丁的頭領，都不能免除稍稍私肥腰包。我不能禁止别人用這種不正當的手段獲取錢財，祇要求自己不取不義之財。以此作爲僚屬的表率。

評點

此話出於咸豐六年十一月二十九日給四弟國潢的信中。此話的前後，曾氏還説道：往年在京師時，每年都寄一二百兩銀子給家裏，一半給父母叔嬸，一半周濟族戚中的窮苦者。自從做了團練大臣後，祇在咸豐四年寄過一百五十兩銀子。今年三月，老四已在長沙李家挪去了二百兩銀子，故不能再多寄了。現寄去三十兩，以二十兩給父親，十兩給叔父。江西省的地方官員都很窮，連巡撫衙門藩臺衙門的官員都不能寄銀子回家，我怎麽能够多取絲毫呢？從以上的話中可以猜測出，在老家主持家政的老四希望大哥比以往多寄銀子回家，並擅自從别處預支了二百兩。大哥對此不高興。信中這段話，既表明自己的態度，又略帶點批評兄弟的口氣。

在中國歷史上，『喫兵』簡直成了軍營公開的秘密。各級都喫，從最高長官到基層小官，幾乎無一例外。『喫兵』又分合法與非法兩種。合法的手段主要有兩個，一爲截曠，一爲扣建。朝廷發軍餉，發的是全年足員足日餉銀。但實際上一年中常有兵員的出缺和替補，這中間也便常有員額和日期的不相銜接。這不相銜接的餉銀需要按時扣除。這就叫截曠。當時計算日期，均按農曆每月三十日，遇小月則祇有二十九天，稱爲小建，則扣除一天，祇按二十九天實發。這就叫扣建。按理，這兩筆銀子都應該上繳國庫，但實際上都没有繳，層層截留。厲害的上司對下屬苛刻，則下屬就留得少；寬厚一點的，則下屬就留得多。無論多和少，都會有。積少成多，這兩筆銀子便很可觀。李鴻章帶淮軍幾十年，因截曠和扣建便積賺了一筆龐大的財産。他把其中一部分銀子存在直隸藩庫中，以便爲直隸省辦公事用，死後還有八百萬兩留在賬上。袁世凱接替他做直隸總督後，便充分利用這一筆直隸省的私設金庫銀子，大肆賄賂包括慶王奕劻在内的京中權要，爲他個人辦事。至於非法手段則很多，最常用的是剋扣。不發足餉，或在伙食開支和軍需上做手脚，或私自將罰餉作爲刑罰，隨意處置士兵等等。這些非法所得都入了長官的私人荷包。

湘軍是朝廷編外的部隊。國庫供應有限，大部分餉銀靠的是自籌，比如設卡抽税即爲其一。這中間長官的活動空間很大。另外，湘軍各級軍官的辦公費用也較之於緑營要多，這也給他們挪作私用預留了空間。所以，湘軍各級長官的私囊都極豐，藉軍營發大財的人極多。這便是楊度所説的當年『城中一下招兵令，鄉間共道從軍樂。萬幕連屯數日齊，一村傳喚千夫諾』（《湖南少年歌》）的内在原因。

曾氏知道湘軍的這一腐敗現象，他也採取了一些措施抑制，但在當時的大背景下，要杜絶是不可能的，遂祇能以潔身自好來起一點表率作用。曾氏於錢財上一向操守謹嚴。進京做官之初，便立志不以做官來發財。軍興後，更是提倡『不要錢，不怕死』。做了湘軍統帥，反而給家中寄的銀子少了，便是不肥私囊的公開表現，同時也以此截斷家人於這方面的期盼。

原文　人以僞來我以誠往

宜以真心相向，不可常懷智術以相迎距。凡人以僞來，我以誠往，久之則僞者亦共趨於誠矣。

譯文

應該以真心互相面對，不可以總是心藏智謀來交往。凡是別人以虚僞前來，我則以誠懇回報，時間久了則虚僞者亦與我一道走向誠實了。

評點

咸豐七年十二月初六日，曾氏在與九弟的信中談起了左宗棠。説左對老九極關切，老九『宜以真心相向，不可常懷智術』云云。曾氏此時對左是很有意見的。據歐陽兆熊《水窗春囈》上説，曾氏不等朝廷下旨便匆匆回籍奔喪一事，官場頗有非議，而在湖南帶頭攻擊的，便是這位左宗棠。平心而論，左批評曾氏是對的，是從大局出發的。曾氏心裏也清楚，故而雖有意見，但並不恨左。他怕老九因此而討厭左，所以要將左的關切告訴弟弟。從這句話裏可以看出曾左之間的君子之風：左對曾氏有看法，但不牽連於其弟；曾氏對左也有看法，但不説左的壞話。在這句話中，曾氏也道出了一個可普遍施行的道理，即以誠待僞，則僞可趨誠。當然，並非所有的僞者都可以被誠感化，但應當相信，真正有力量真正可攻堅摧固的，還是真誠，而不是虚僞。人人都懷抱此認識，的確可以化除許多虚僞。

原文　一味渾厚

一味渾厚，絶不發露，將來養得純熟，身體也健旺，子孫也受用。無慣習機械變詐，恐愈久而愈薄也。

譯文

一概以渾含厚道對待，心中的不滿一點也不表露出來，將來修養到了家，身體也因此而健旺，子孫也因此而得到好處。不要養成用機心使詐術的習慣，怕的是時間愈久則心性愈刻薄。

評點

曾氏在與九弟談過左宗棠後，又談起了李續賓。李字迪庵，羅澤南的學生，出身秀才，新近被任命爲浙江布政使。李是靠湘軍發迹而又遷升最快一人。曾氏心中最看重的便是他。李續賓身上什麽特質讓曾氏最看重呢？是李的安定深沉。李的這個特質表現在辦事上，即曾氏在信上所説的『不特其平日從容整理，即其臨陣，亦迴翔審慎，定静安慮』，平日爲人則沉默少言，『含宏淵默，大讓無形，稠人廣坐，終日不發一言』（見曾氏全集《李忠武公神道碑銘》）。李於世事人情貌似不太精明，其實全都明白，衹是表面上『一味渾厚，絶不發露』。曾氏很欣賞這種喜怒不形於色的性格。他認爲他們兄弟及彭玉麟都是性情褊急的人，不大容易與人相處，故而希望老九學李續賓的『渾厚』。

這種『一味渾厚，絶不發露』既不易做到，亦有過於圓滑世故之嫌，依筆者看似不必學，但曾氏後面説的不用機心詐術，則的確是長者之言。

原文　精神愈用愈出

身體雖弱，却不宜過於愛惜。精神愈用則愈出，陽氣愈提則愈盛，每日作事愈多，則夜間臨睡愈快活。若存一愛惜精神的意思，將前將却，奄奄無氣，决難成事。

譯文

身體雖然單薄，但不宜過分愛惜。精神是越用它越出來，陽剛之氣是越提升越旺盛。每天做的事情越多，則到夜晚臨睡覺時越快樂。儻若存着一個愛惜精神的念頭，剛想前進便會馬上想到後退，奄奄的没有生氣，决不能成就一番事業。

評點

這段話出於咸豐七年十二月十四日給其九弟的信。它既是對身體單薄的九弟的規勸，更是曾氏一生所奉行的信條。曾氏祇活了六十一歲，三十歲即患肺病大吐血，三十五歲上患癬疾，後半生常被此病弄得痛苦不堪，四十七八歲上得了嚴重神經官能症，五十多歲患高血壓，最後以腦中風而猝死。這樣看來，曾氏不祇身體單薄，他其實是個長期病號。以一個這樣的病號做了如許大的事業，其秘訣在哪裏？秘訣就在這段話中。

原文　以誠愚應巧詐

吾自信亦篤實人，衹爲閱歷世途，飽更事變，略參些機權作用，把自家學壞了。實則作用萬不如人，徒惹人笑，教人懷憾，何益之有！近日憂居猛省，一味向平實處用心，將自家篤實的本質，還我真面，復我固有。賢弟此刻在外，亦急須將篤實復還，萬不可走入機巧一路，日趨日下也。縱人以巧詐來，我仍以渾含應之，以誠愚應之，久之，則人之意也消。若鈎心鬥角，相迎相距，則報復無已時耳。

至於强毅之氣，決不可無。然强毅與剛愎有别，古語云自勝之謂强，曰强制，曰强恕，曰强爲善，皆自勝之義也。如不慣早起，而强之未明即起；不慣莊敬，而强之坐尸立齋；不慣勞苦，而强之與士卒同甘苦。强之勤勞不倦，是即强也；不慣有恒，而强之貞恒，即毅也。捨此而求以客氣勝人，是剛愎而已矣。二者相似，而其流相去霄壤，不可不察，不可不謹。

譯文

我自信也是一個篤實人，衹是因爲閱歷人世間事情，經過許多事變，略微增加些機權之術於其間起點作用，自己把自己引向學壞的路上去了。其實，這點作用一萬個不如别人，徒徒招人笑話，使别人對我懷有遺憾，哪裏有什麽益處呢？近來丁憂在家中猛然反省以往，醒悟到應該全力在平實二字上用心思，用自己篤實的本質來恢復我的真面目、我的原有性情。賢弟此時在外面帶勇，也應趕緊將篤實本性復還，萬萬不可走進機巧欺詐一路上，而一天天墮落。即使别人以巧詐來對我，我仍舊以含渾之態來回應，以誠實愚拙之心來應對，久而久之，則别人的巧詐也將會慢慢消除。若彼此都以鈎心鬥角的態度來交往，則互相報復没有完了。

至於頑强堅毅之氣，則決然不可没有。但頑强堅毅與剛愎自用有區别。古話説能够戰勝自己的人纔叫做强者，又説强行自制，説强力迫使自己對人寬恕，又説强行要求自己做善事，這些都是自我戰勝的意思。比如説，不習慣早起，而强迫自己天未明即起床；不習慣莊重敬慎，而强力要求自己無論坐和立都端正嚴肅；不習慣勞累喫苦，而强迫自己與士兵同甘共苦。强迫自己勤勞不倦，這就是强的意思；不習慣於有恒，而强迫自己堅定不移，這就是毅。丟掉這些而求其他，以虚驕之氣去壓倒别人，不過剛愎罷了。二者看起來差不多，其實它的發展趨勢却有天地之别，不可不細察，不可不謹慎。

評點

連連遭受挫折，在家守制反省後悟出了許多深層次道理的曾氏，在這裏以兄長的懇摯之心，向九弟説了兩點關於爲人的體會。一爲如何看待篤實與機巧，一爲如何區分强毅與剛愎。

曾氏這封寫於咸豐八年正月初四的信，是對老九去年十二月二十一日的回覆。現在已找不到老九這封信了。老九九月初離家赴江西戰場，帶領吉字營攻打吉安，戰事並不順利。從曾氏信中可看出，老九在給大哥的信中流露了軍營中的人事不協，並有離營回家的情緒。故曾氏在回信中希望九弟『竭力而行之，無爲遽懷歸志也』。接下來便引出這一大段議論來。

曾氏説他本是一個篤實的人，後來跟着别人學壞了，也使點機巧權變，實際這點小聰明遠不如人，反被人笑，現在醒悟了，還是做一個本分的老實人爲好。並勸老九以己爲戒，以誠愚待人。

筆者跟曾氏打了二十餘年的交道，腦子裏常常會想這樣一個問題：爲什麽後人對曾氏會有很大的興趣？曾氏與衆不同的吸引力到底在哪裏？這個問題，若細説起來，自然是多方面的，非做大文章不可。這段話裏便含有其中的一個答案，容筆者先在這裏簡略説一點。

歷史上的曾氏，是一個以建立軍功的政治領袖身份名世的。這樣一個人物，如果他的私人文字説謀略手腕，説鈎心鬥角，甚至説些陰險毒辣不能公之於世的話，都可以被世人所理解：因爲他從事的是政治，是與人打交道並要制人勝人的勾當，人心險惡，祇能以毒攻毒，否則，他便不能喫這碗飯。但事情恰恰不是這樣。他從戎之後的家書、日記，一秉過去在翰林院做文學侍從的風格，談的都是讀書爲學做君子，是仁義禮智信，是誠實道德操守等等。面對着血火刀兵的戰場，面對着以殺人爲業的軍事將領，面對着以功利作爲第一爭奪物的各參與集團，不談陰謀詭計，却侈談聖人説教，豈不迂腐空疏、獃傻愚癡？豈不是緣木求魚、南轅北轍？但是，朝廷所任命的四十三個團練大臣，其他人都没成事，恰恰就是這個在私人文字裏也大談誠信仁義的團練大臣取得了最後的勝利。人人都説道德人格祇能存於書齋講義裏，而不能運用於政治鬥爭中，但偏偏就是這個曾文正公，用聖人所説的人格道德取得了政治上的成功。我想，這大概是曾氏引起後人興趣的一個原因，也是他與衆不同的吸引力中之一吧！

這段話説的就是去機巧以誠待人、强毅而不剛愎的老生常談。讀者若是聯繫到曾氏的整個一生，不把它視爲老生常談而當作真正的人生體驗，那麽相信會從中獲得收益。

原文　可聖可狂

吾鄉數人均有薄名，尚在中年，正可聖可狂之際；惟當兢兢業業，互相箴規，不特不宜自是，並不宜過於獎許，長朋友自是之心。彼此恒以過相砭，以善相養，千里同心，庶不終爲小人之歸。

譯文

我們家鄉幾個人都有薄名，尚在中年，正處於可以做聖人也可以做狂人的時候，惟有兢兢業業，互相勉勵規勸，不但不宜自以爲是，而且不宜過於誇獎，助長朋友的自以爲是之心。彼此常以所犯的過失相針砭，以善德善行相培植，千里同心，或許這一輩子將不歸於小人之列。

評點

咸豐八年七月，胡林翼之母病逝於鄂撫衙門。胡即日上奏辭職守制。朝廷不允，祇給他半年假期。據《胡林翼年譜》載：『自公憂歸，海内有識者僉謂公身繫東南安危，不當拘牽文義，致誤事機，宜奪情起復，以副中外之望。』曾氏更是盼望胡能奪情，因爲他此時剛剛復出，亟須得到胡的支援；但曾氏又是虔誠的理學信徒，而奪情於禮不合，對於胡的堅持守制，曾氏在心裏則是讚許的。八月，他在給李續宜的信中説，我們既然深愛胡，也就不能勉强他奪情，讓他受名教之譏。接下來便有上録這段話。

戰亂發生後，湖南一時人物勃興，皆在三四十歲左右，此時既可以聖賢爲榜樣，成就一番大業，也可因軍功而狂妄放縱，結果事業不成。曾氏清醒地看到這一點，希望朋友之間互相規諫，俱入正途。此正體現曾氏的領袖風範。『可聖可狂』四字，很值得少年得志、中年有成者記取。

原文　奉方寸如嚴師

吾輩位高望重，他人不敢指摘，惟當奉方寸如嚴師，畏天理如刑罰，庶幾刻刻敬憚。

譯文

我們這些人位高望重，別人不敢批評，惟有將自己的心奉爲嚴師，畏懼天理如同畏懼刑罰，或許可以做到時時刻刻都有敬畏心態。

評點

湘軍統領李續賓當時官居浙江布政使，地位已經很高了。身處高位的人，別人一般不會當面指摘，法規法紀也常常會網開一面，對於自己的監督和約束，更多地靠自律，也就是曾氏所謂的以心爲嚴師。古人説神明在上，西方説上帝在看着，其實説穿了，都是自心在起作用，所以《大學》《中庸》都强調君子要慎獨。

原文　困厄激發人的潛力

人才非困厄則不能激，非危心深慮則不能達。

譯文

人才不遭遇困厄則不能激發潛力，不心存戒懼深懷憂慮則不能發達。

評點

古今中外，絶大多數傑出人物都是在困境在磨難中誕生的，這可能正像流水要遇到坎坷遇到阻力纔能迸放出水花一樣，反之，太平静的日子會將人潛在的創造力慢慢消蝕湮滅。司馬遷於此有遠過常人的體會，他的一段話兩千年來被人無數次地引用過，千千萬萬處困境中的人，從中得到巨大的鼓舞。今天，我仍願意在這裏引用一次，藉以激勵我的讀者諸君：『古者富貴而名磨滅不可勝記，惟倜儻非常之人稱焉。蓋文王拘而演《周易》，仲尼厄而作《春秋》，屈原放逐乃賦《離騷》，左丘失明厥有《國語》，孫子臏脚，兵法修列，不韋遷蜀，世傳《吕覽》，韓非囚秦，《説難》《孤憤》，《詩》三百篇，大抵賢聖發憤之所爲作也。』

原文　豁達光明之胸襟

自古聖賢豪傑、文人才士，其志事不同，而其豁達光明之胸大略相同。吾輩既辦軍務，係處功利場中，宜刻刻勤勞，如農之力穡，如賈之趨利，如篙工之上灘，早作夜思，以求有濟。而治事之外，此中却須有一段豁達沖融氣象。二者並進，則勤勞而以恬淡出之，最有意味。

譯文

自古以來的聖賢豪傑、文人才士，其志向事業不相同，但其豁達光明的胸襟大致相同。我們既然辦理軍務，處於功利場中，就應時刻勤勞，如農夫的努力耕作，如商人的追逐利潤，如艄公的拼力衝過灘頭，早晚勞作思慮，以求得事情有成效。至於治事之外，心中却必須有一股沖融氣象。兩者齊頭並進，雖勤勞而表現出來的却是恬淡神態，則最爲有意味。

評點

曾氏最看重豁達光明的胸襟。什麽是豁達光明的胸襟？從這段話中可知『沖融』『恬淡』應是這種胸襟的表現形式之一。曾氏又常用『沖融』『恬淡』來形容陶、謝等人的詩：『五言詩若能學到陶潛、謝朓一種沖淡之味和諧之音，亦天下之至樂，人間之奇福也。』（同治元年七月十四諭紀澤）如此看來，陶、謝等人在五言詩中所表現的就是一種豁達光明的胸襟，它與追名逐利、熱中鑽營等分屬兩種不同的境界。

原文　胸次浩大

富貴功名皆人世浮榮，惟胸次浩大是真正受用。

譯文

富貴功名都是人世間的虚浮榮譽，惟有胸襟浩大纔是人生真正好的享受。

評點

從整體上看待人生，從比較上看待人生，或者從終極點上回頭看待人生，這句話無疑説的是真理。因爲人生真正的享受，是屬於産生於自身的快樂，自身之外的東西皆附加之物，人們習慣稱之爲身外之物。但古往今來，人們都拼命追求富貴功名，這是什麽原因呢？原來，在許多時候，富貴功名能够帶來落實到自身的好處，而且二者並不完全截然對立。當然，即便如此，也應清醒認識到二者孰主孰次，孰大孰小，千萬不要因爲富貴功名這些身外之物而害了自身。

原文　立志即金丹

人之氣質由於天生，本難改變，欲求變之之法，總須先立堅卓之志。即以余生平言之，三十歲前最好吃煙，片刻不離。至道光壬寅十一月二十一日立志戒煙，至今不再吃。四十六歲以前作事無恒，近五年深以爲戒，現在大小事均尚有恒。即此二端，可見無事不可變也。古稱金丹換骨，余謂立志即丹也。

譯文

人的氣質爲天生，本難改變，想要尋求變化辦法，總是要先立下堅定的志向。就以我平生爲例來説，三十歲前最喜歡吃煙，片刻不能離開。道光二十二年十一月二十一日立志戒煙，到現在不再吃。四十六歲以前做事情無恒心，近五年來深以爲戒，現在大小事都能够有恒心。就從這兩件事來看，可見没有什麽事情不能改變的。古時説金丹换骨，我説立志即金丹。

評點

這是同治元年四月間寫給兩個兒子的。長子紀澤年已二十四，次子紀鴻年已十五，處於這個年齡段，立志十分重要，尤其是年過弱冠且已授室的紀澤，再也不能虚度歲月了。曾氏以自己爲例，證明祇要立志，便可以改變氣質，日日進善進德。曾氏立志戒煙的日記至今保存着，且抄兩段讓讀者諸君共欣賞：『是日早起吃煙，口苦舌乾，甚覺煙之有損無益，而刻不能離，惡濕居下，深以爲恨。誓從今永禁吃煙，將水菸袋捶碎。因念世之吸食烟癮者，豈不自知其然！不能立地放下屠刀，則終不能自拔身。』『自戒煙以來，心神彷徨，幾若無主，遏慾之難，類如此矣。不挾破釜沉舟之勢，詎有濟哉！』

原文　靜中細思

知天之長而吾所歷者短，則遇憂患横逆之來，當少忍以待其定。知地之大而吾所居者小，則遇榮利争奪之境，當退讓以守其雌。知書籍之多而吾所見者寡，則不敢以一得自喜，而當思擇善而約守之。知事變之多而吾所辦者少，則不敢以功名自矜，而當思舉賢而共圖之。夫如是，則自私自滿之見，可漸漸蠲除矣。

譯文

知道天存在之長久而我所歷時之短暫，則遇到憂患不順之事時，應當稍稍忍耐以等待它的安定。知道地之廣闊而我所居住處之窄小，則遇到榮譽利益争奪之時，應當退讓以守自己的卑下。知道書籍之衆多而我所見者少，則不敢以一點點所得而沾沾自喜，而當思考選擇美善而守定簡約。知道事情變化之繁多而我所能經辦的很少，則不敢以功名自誇，而應當思考推舉賢能而共同圖謀。若能如此，則自私自滿的念頭可以漸漸除去了。

評點

這是同治元年四月十一日，曾氏寫在日記中的一段話，可視爲曾氏『大悔大悟』過程中的一段重要内心獨白。從天地之久遠廣大看到人類自身的短暫渺小，從書籍事端的繁富龐雜看到個人精力才智的限制，這對於驕狂之心的懲治，可謂是從本源上下手。曾氏的悔悟，便是由如此冷静甚至嚴酷的中宵細思而引起的。因爲思考得深刻，也便明白得透徹。他的胸襟從此真正地進入一個全新的境界。

原文　藉拂逆磨礪德性

古人辦事，掣肘之處，拂逆之端，世世有之，人人不免。惡其拂逆而必欲順從，設法以誅鋤異己者，權姦之行徑也。聽其拂逆而動心忍性，委曲求全，且以無敵國外患而亡爲慮者，聖賢之用心也。藉人之拂逆，以磨礪我之德性，其庶幾乎！

譯文

古人辦事情，遭遇掣肘的地方，碰到違逆的端由，每朝每代都有，每個人都有。厭惡違逆而一味要求順從，從而設法誅鋤異己，這是權姦的行徑。聽任它違逆，從而震動心意，堅韌性情，委曲求全，而且以無敵國外患易招致滅亡作爲長遠思慮，這是聖賢的用心。藉别人的違逆，來磨礪我的德性，這也許是可以做到的吧！

評點

古往今來，許多處高位握重權的人，都喜歡採取順我者昌逆我者亡的做法。其好處是個人意志行使順暢，權利慾望得到充分滿足，不好處則容易招來怨恨，弄不好也有可能帶來殺頭毀家之禍。應該說，此種做法不好。正確的態度應是寬宏大量，海納百川，若能存無敵國外患而亡之心，有意培植反對派，那就是大政治家的作爲了。

原文　長傲與多言爲凶德

古來言凶德致敗者，約有二端：曰長傲，曰多言。丹朱不肖，曰傲，曰嚚訟，即多言也。歷觀名公巨卿，多以此二端敗家喪身。余生平頗病執拗，德之傲也；不甚多言，而筆下亦略近乎嚚訟，靜中默省愆尤，我之處處獲戾，其原不外此二者。凡傲之凌物，不必定以言語加人，有以神氣凌之者矣，有以面色凌之者矣。温弟之神氣稍有英發之姿，面色間有蠻很之象，最易凌人。凡中心不可有所恃，人有所恃，則達於面貌。祇宜抑然自下，一味言忠信，行篤敬，庶幾可以遮護舊失，整頓新機。否則人皆厭薄之矣。

譯文

自古以來説到招致失敗的不好性格大致有二種：一是傲慢，一是多言。丹朱不像他的父親堯，就因爲他爲人倨傲，又跋扈姦詐招惹是非，也就是多言。遍視歷代名大位高的公卿，也多因這兩個毛病而使得家族敗落自身不保。我平素較爲執著倔犟，這是性格中的傲慢的表現；嘴上雖不多説話，但筆下文字有點姦詐惹是非的味道，安靜時默默反省自己的缺失，悟到之所以處處遭受困厄，其原因不外乎這兩個。凡以傲氣對待别人，不一定非得在言語上壓倒别人，有的是以神色凌厲來壓倒别人，有的是以面色難看來壓倒别人。温甫弟的神色略有些英發姿態，臉上間或有蠻横的表現，最容易給人以壓力。大凡人的心中不能有依憑。人若有所依憑，則會表現在面孔上。祇適宜將心性朝下抑制，全力講忠誠信義的話，做篤實謹慎的事，或許可以彌補自己固有的缺失，煥發新的生機。否則，世人都會厭棄鄙薄了。

評點

曾氏一生留在文化史上的價值是多方面的，其中有一點頗爲重要，那就是他的修身之學及切實的修身工夫對後世的啓示。洋人製造的望遠鏡到了曾氏的手裏，他的發現與衆略有不同。他説望遠鏡中的玻璃片之所以能將遠景收入，是因爲經過多次打磨工序後改變了其原有的性質。他進而發揮，人若不斷磨煉，也可以改變其原本性格。曾氏還常説，讀書可以改變人的氣質。可見曾氏十分看重人後天的學習和修養，相信後天的力量可以改變人的先天秉賦。他自己努力以此修身養心，並熱中將此觀念傳授給他的子弟和朋友。

人們都説『江山易改，本性難移』。的確，人的先天秉性，要改變它是很難的，但要説完完全全一丁點兒也改變不了，大概也絶對化了。人類活動中最有價值的部分，應該屬於改造和創新這個領域。有了這個領域，人類纔從萬千種動物群中跳出來，構成從本質上區别於其他動物的一個種類。改造和創新既包括宇宙和自然，也包括人類的個體和群體。人的性格是屬於人類個體中的一個内容。如此説來，改變人的本性不僅是可能的，而且也是可行的，它是人類進化過程中的一個重要環節。

正因爲這樣，曾氏爲改變性格而所作的努力探索，便值得尊敬；他的關於這方面的論説，便值得重視。人的本性既過於牢固强頑，而曾氏本人爲此所懸的目標又過高，有的根本就做不到，有的做得很勉强，有的做得表裏不一、前後不一，於是常有把柄被人抓，也有人據此認爲他虛僞。世上確實有存心虛僞的人，但綜觀曾氏的一生，他有虛僞的一面，但不是一個存心虛僞的人。這二者之間的區

别，在於有無改造本性的真心。

原文　怨天尤人不可以涉世養德保身

温弟豐神較峻，與兄之亢直簡淡雖微有不同，而其難於諧世，則殊途而同歸，余常用爲慮。大抵胸多抑鬱，怨天尤人，不特不可以涉世，亦非所以養德；不特無以養德，亦非所以保身。中年以後，則肝腎交受其病。蓋鬱而不暢則傷木，心火上爍則傷水。余今日之目疾，及夜不成寐，其由來不外乎此。故於兩弟，時時以和平二字相勖，幸勿視爲老生常談。至要至囑！

譯文

温甫弟神情豐沛峻厲，與爲兄的强硬直爽簡率淡定的性格雖然有些不同，至於與社會難以和諧相處，則又是殊途而同歸，我常因此憂慮。大致説來，胸中多抑鬱，怨天尤人，這些毛病，不僅不可以在世上辦事，也不可以養成良好的品德；不僅不可以養成良好的品德，也不可以保養好自己的身體。中年以後，則肝臟腎臟都會受到它的傷害。這是因爲鬱悶而不暢通則傷肝（木），心火上燒則傷腎（水）。我今天的眼病以及夜晚失眠，其原因不外乎抑鬱。故而對於兩位弟弟，時時刻以和平兩個字相勉勵，請千萬不要把這看作是老生常談。最爲緊要的叮囑！

評點

這裏説的是人的性格與辦事養德、保身之間的關係。曾氏認爲，它們之間的關係是一致的，即良

好的性格既是辦好事情的基礎，也是養德、保身的基礎，反之亦然。曾氏所看出的，其實就是人活在世上，其立身與處世吻合的道理，也就是説不需要立身是一套做法，處世又是一套做法。這一點，説起來，它的道理似乎簡單：因爲『世』便是『身』的擴大，所以本質上是相通的；但許多人並不明白這個道理，或者雖明白，却又不去努力實行。拿性格多疑來説吧！多疑則容易不相信人，不能與别人坦誠相處。如此，則不能團結别人一道做事。從『涉世』這個角度來説，無疑有礙。多疑者多猜忌，對人多防範，於是自己的品德上便難以做到坦坦蕩蕩、光明磊落。心思上多了如許多的雜念，如何能做到安寧淡定？心不寧，身豈能健？所以，於『保身』上説也有害。孔子説『仁者壽』，這是很有道理的。

原文　智慧愈苦愈明

精神愈用而愈出，不可因身體素弱，過於保惜；智慧愈苦而愈明，不可因境遇偶拂，遽爾摧沮。

譯文

精神是越使用便會越湧出，不可以因身體素來薄弱而過於保養愛惜；智慧是越遭受苦難則越明晰，不可以因境遇偶爾不順便立即頹廢。

評點

咸豐八年四月初九日，曾氏在老家給九弟的信中寫下了這兩句格言式的話。曾氏這兩句話，與其説是在講述真理，還不如説是在灌輸一種氣概。這種氣概就是典型的湖南人的『霸蠻』。湖南人相信『霸蠻』，猶如宗教人士相信神一樣，雖不很科學，却有某些道理。『精神越用越出』這話，曾氏經常説，並把『精神』比作井中的水，越汲越有。這話有很大的激勵作用，在短期内，在特定時候，確實存在着這種現象。實際上它就是將身體内平時的積蓄用之於應急之時。若從科學上來説，這句話未必完全正確，但曾氏的後一句話却是有着相當的價值。人類智慧中的很大部分，的確産生在苦難中，這是因爲苦難逼得人類作超過常規的努力。智慧往往産生在這種超常狀態。

原文　慎飲食節嗜慾

澤兒雖體弱，而保養之法，亦惟在慎飲食，節嗜慾，斷不在服藥多也。

譯文

紀澤儘管身體薄弱，但保養的方法，也祇有在慎重對待飲食，節制嗜好慾望上，絕對不在服藥上。

評點

過去富家子弟身體多不好，此中原因恰恰就是曾氏這段話中的反其道而行之：瓊漿玉饌，暴飲暴食；聲色犬馬，毫無節制；補品補藥，長年不斷。曾氏生在並不富裕的農家，清貧的青少年時代養成不求奢華的良好習慣；中年後宦寓京華，又目睹衆多紈袴子弟的不成器，更增加對奢華的理性認識。故而，即便銀錢上允許，他也自覺保持儉樸，拒絕侈靡。他希望他的兩個兒子向他看齊，但可惜，二子均不長壽，紀澤祇活了五十一歲，紀鴻命更短，三十三歲上便去世了。究其原故，很可能還是沒有逃脱富家子弟的厄運。儘管曾氏一再要求兒子們一切如同寒士，但畢竟家裏有錢有勢，官眷學寒士好比寒士學官眷一樣，都是很難很難的。

原文　謙謹爲載福之道

天地間惟謙謹是載福之道。驕則滿，滿則傾矣。凡動口動筆，厭人之俗，嫌人之鄙，議人之短，發人之覆，皆驕也。無論所指，未必果當，即使一一切當，已爲天道所不許。吾家子弟，滿腔驕傲之氣，開口便道人短長，笑人鄙陋，均非好氣象。賢弟欲戒子侄之驕，先須將自己好議人短好發人覆之習氣，痛改一番，然後令後輩事事警改。欲去驕字，總以不輕非笑人爲第一義；欲去惰字，總以不晏起爲第一義。弟能謹守星岡公之八字考、寶、早、掃、書、蔬、魚、猪、三不信不信僧巫、不信醫藥、不信地仙，又謹記愚兄之去驕去惰，則家中子弟，日趨於恭謹而不自覺矣。

譯文

天地之間惟謙虛謹慎是承載福祉的法則。驕傲則自滿，自滿則傾覆。説話寫文章，凡是討厭別人俗氣，嫌別人鄙陋，議論別人的短處，揭露別人的老底，這都是驕傲的表現。不要説所指的未必都確切，即便是一一都確切，這種做法已爲天道所不允許。我家子弟，現在滿肚子都是驕傲之氣，一開口便議論別人的長短，譏笑別人無知，這都不是好現象。賢弟要想戒除子弟的驕氣，先必須將自己好議論人的短處好揭露人的老底這些習氣，下決心痛加改變，然後再命令後輩事事都警惕改變。想要去掉

驕字，總以不輕易譏笑人擺在第一位；想要去掉惰字，總以不晚起床擺在第一位。老弟能够謹守祖父星岡公的八個字（即考、寶、早、掃、書、蔬、魚、猪）、三不信（不信僧巫、不信醫藥、不信地仙），又謹記愚兄的戒除驕傲戒除懶惰這些話，則家中子弟將在不知不覺間日益恭謹起來。

評點

咸豐十一年正月初四，正在部署兵力收復東南的江督曾氏，給主持湘鄉家政的四弟寫了一封信。這封信不長，基本上就是這一大段話。曾氏在指出四弟的來信中『不免有一種驕氣』後，接下來發表了這一通議論。關於戒驕，前面幾段評點已談得不少了，此處就不再重複。筆者要給讀者説明的是如下幾點：一，曾氏把『厭人之俗，嫌人之鄙，議人之短，發人之覆』視爲驕傲的表現。一個月後的二月初四日，曾氏給老四的信中説：『弟於營中之人，如季高、次青、作梅、樹堂諸君子，弟皆有信來譏評其短，且有譏至再至三次者。營中與弟生疏之人，尚且譏評。則鄉間之與弟熟識者，更鄙睨嘲斥可知矣。』於此可知這幾個毛病是老四常犯的，曾氏所説乃有的放矢。細想一下，這些毛病，我們這些一般人也常犯。通常人們都將它看作是不良習性，未將它與『驕傲』聯繫起來。其實，一個人在厭嫌議發別人的時候，總是自覺或不自覺地將自己置在比別人高明的位子上，這種自我感覺良好的背後便是『驕傲』在作祟，本質上屬於驕傲的表現。二，曾氏教人的最大特點，是將大目標與日常生活聯繫起來，通過堅持不懈做日常小事來逐步接近大目標。這種教育方法是理學創始人朱熹所提倡的，曾氏將此法運用得十分嫻熟。比如説『去驕』這個大目標，曾氏提出通過『不輕非笑人』來達到；『去惰』這個大目標，則通過『不晏起』來達到。大目標正因爲大，它便顯得有點空，將它與具體小事聯

繫起來，則化空爲實，化大爲小，易於操作，也就易於達到。三，具體解釋一下曾氏治家八字。考，爲考妣的略稱，意味敬祖追遠；寶，源自湘鄉俚語『人待人無價之寶』，意味和睦鄰里；早，即早起；掃，即打掃庭院，意味要勤快，凡事不偷懶；書，即讀書；蔬，即種好菜蔬；魚，即養好魚；猪，即餵好猪。曾氏認爲對於一個農家而言，蔬、魚、猪是看一個家庭興旺與否的三個重要側面。三不信，即不相信僧道的裝神弄鬼，不迷信庸醫的處方，不亂信地仙的胡説八道。

原文　對待謗言的兩種態度

衆口悠悠，初不知其所自起，亦不知其所由止。有才者忿疑謗之無因，而悍然不顧，則謗且日騰；有德者畏疑謗之無因，而抑然自修，則謗亦日息。吾願弟等之抑然，不願弟等之悍然。願弟等敬聽吾言，手足式好，同禦外侮；不願弟等各逞己見，於門内計較雌雄，反忘外患。至阿兄忝竊高位，又竊虛名，時時有顛墜之虞。吾通閱古今人物，似此名位權勢，能保全善終者極少。深恐吾全盛之時，不克庇蔭弟等；吾顛墜之際，或致連累弟等，惟於無事時常以危言苦詞，互相勸誡，庶幾免於大戾。

譯文

衆人口裏所吐出的話什麽都有，本不知道它是從哪裏起來的，也不知道它將會因何而消停。有才幹的人對外界無原由的猜疑誹謗很忿恨，我行我素而悍然不顧，如此誹謗將一天天升騰；有德行的人則對無緣無故的猜疑誹謗心有畏懼，於是從自身尋找原因加以修持，如此誹謗也便一天天地止息。我願諸弟以自修自省的態度對待，不願意諸弟以悍然不顧的態度對待。希望諸弟好好地聽我的話，手足和睦，共同抵抗外侮；不希望諸弟各人都自以爲是，在自家内斤斤計較一争高下，反而忘記了外人的欺侮。至於大哥我不稱職地居於高位，又不符實地擁有虛名，時時刻刻有跌落下來的憂慮。我綜觀古今人物，像我這樣名位權勢的人，能保持到死都平平安安的極少。我深深地擔心在我全盛的時候，不能够關照諸弟；而在我跌落的時候，或許會牽連到諸弟，衹得在無事的時候常常以不中聽的忠言來互相警誡，這樣將或有可能免遭大災難。

評點

在現存的曾氏家書中，我們可以看到不少純是曾家兄弟間的心腹話。這些心腹話，自家兄弟聽起來受用，别人聽來則比較扎耳。比如這段話吧，『外侮』『外患』指的誰？當然不是指的外國人，也不會是太平軍，而是從大的方面來説屬於同一營壘的戰友，他們或是朝廷中的官員，或是同在東南戰場上的八旗、緑營及地方文武，甚至也很可能就是湘軍中的將領、湖南的官紳。曾氏以一『外』字，將他們畫出圈外，豈不令他們心寒！曾氏在生時，並不同意將他的文字發刻刊佈，其中自然也包括此一層意思在内。

放開這一層不説，我們從這一段話裏還看到曾氏内心世界中的一個重要部分，即對位高權重的惕懼心態。作爲一個官場人物，曾氏無疑盼望自己官做得越大越好。我們讀他早年在京師爲官時期的家書，每遇遷升，都喜滋滋地向家人報告，其間從未流露出半點恐懼之色。作爲一個負有重任的湘軍統領，曾氏多少年來一直盼望能大權在握，以便調兵遣將，克敵制勝。我們讀他要地方實權的奏摺，也没有從中看到他有何顧忌。現在，曾氏位居協辦大學士、兩江總督兼兵部尚書銜，位不可謂不高，東南四省文武官員、錢糧賦税，任他調遣支配，權不可謂不重。當真正位高權重這一天到來的時候，曾氏心裏反而大爲不安起來。鑒於自古以來位高權重而『保全善終者極少』的先例，而『時時有顛墜之虞』。曾氏這種心態，豈不是患得患失嗎？應該説，曾氏是有患得患失之症的，與他處同樣狀况的李鴻章、左宗棠等人就没有他這麽多的顧慮，但曾氏與通常的患得患失還是有所區别的。一則，通常的患得患失者，其考慮是在如何保住所得不出現所失，但曾氏考慮的却是儘量不讓這種位權並盛維持太久，總是在想如何辭掉一些。二則，通常的患得患失者，會充分利用其所『得』爲個人謀取利益，以免在『失』去時不至於有太多的遺憾。而曾氏却儘量收斂權勢，並格外注重修德退抑，以求免遭謗忌。這便是後人不將曾氏列爲患得患失者之列，而重視他的所作所爲的原因。

原文　節制血氣與倔强

余漸衰老，亦常有勃不可遏之候，但强自禁制，降伏此心。釋氏所謂降龍伏虎，龍即相火也，虎即肝氣也。多少英雄豪傑打此兩關不過，亦不僅余與弟爲然。要在稍稍遏抑，不令過熾，降龍以養水，伏虎以養火。古聖所謂窒慾，即降龍也；所謂懲忿，即伏虎也。釋儒之道不同，而其節制血氣，未嘗不同，總不使吾之嗜慾戕害吾之軀命而已。至於倔强二字，却不可少。功業文章，皆須有此二字貫注其中，否則柔靡不能成一事。孟子所謂至剛，孔子所謂貞固，皆從倔强二字做出。吾兄弟皆禀母德居多，其好處亦正在倔强。若能去忿慾以養體，存倔强以勵志，則日進無疆矣。

譯文

我已漸漸走向衰老，也還常常有勃發而不可遏制的時候，我自己强行制止，將勃發之心降伏。釋迦牟尼所説的降龍伏虎，龍即相火，虎即肝氣，多少英雄豪傑都打不過這兩關，也不僅祇我們兄弟是這樣。重要的是要稍加遏制，不使它過於熾烈，通過降龍來養水，通過伏虎來養火。古時聖賢所説的抑制慾望，就是指的降龍；所説的懲辦忿恨，就是指的伏虎。儒家和釋家的學説不同，但它們在節制血氣這一點上，則未嘗不相同，總之，不能讓自己的嗜慾來傷害自己的性命罷了。至於倔强兩個字，則不可缺少。建業立功做文章，都需要將這兩個字貫注在其中，否則柔弱委靡，不能做成一件事。孟子説的至剛，孔子説的貞固，都是從倔强二個字做出來的。我們兄弟受母親的遺傳較多，它的好處也正在倔强上。若是能够除去忿恨嗜慾用以保養身體，保留倔强用來激勵志氣，則日日進取而無止境。

評點

關於這段話，先將幾個中醫名詞稍作點説明。中醫所説的相火，指腎、肝、膽、心包、三焦等臟腑的火，能温養全身，輔助君火即心火以推動臟腑的功能活動。中醫還用金、木、水、火、土來代表肺、肝、腎、心、脾五臟。曾氏所説養水，即保養腎，所説的養火，即保養心。曾氏這段話的用意，在於人要有意識地與影響自己情緒和身體的兩個毛病作鬥爭。這兩個毛病一是過多的慾望，一是過强的怒火。儒家所説的窒慾與懲忿，就是講制服這兩個毛病。佛家所説的降龍伏虎，其實也是講的降慾伏忿。

但是，與世上任何情事一樣，作爲人的血氣，慾和忿也是雙刃劍，它有壞事的一面，也有成事的一面。對於它的成事一面，人們則用好的字眼去表示，曾氏所説的倔强及其引用的孔孟所説的貞固、至剛，則屬於慾、忿的成事一面。問題的關鍵就在於把人內心的這種慾望和忿怒控制在一定的尺度裏，以及將它引領到一個能成事的方向上。人與人之間的差距很大部分取决於這一點。曾氏這段話，並没有就此深入下去，他衹是給九弟一個原則上的指導。對於這種原則上的點撥，許多人尤其是受過較好教育的成年人，大約都不是太需要的。他們所缺的，正是在如何適度把握、正確引向等方面。雖然這段話没有涉及此層，但曾氏本人以及他留下的數百萬文字，却在許多時候能給人以具體的點撥，即能授人以『金針』。這就是曾氏受今人重視的原因之所在。

原文　每天須有閒時

弟病在水不能生木，余亦夙有此疾，非藥物所能爲力。每日無論如何忙迫，總須略有抽閒之時，或静坐，或渴睡，或散步。火不動，則水得所養矣。

譯文

弟的病在水不能生木，我也一向有這個毛病，不是藥物所能治療的。每天不管如何忙碌緊張，總必須要略有點忙中偷閒的時間，或者静坐，或者沉睡，或者散步。火不動，則水能得以保養。

評點

『水不能生木』，即腎不能養肝之意。火不動，指心不煩躁焦慮。曾氏這段話的意思是説，老九的病症表現在肝上，肝氣重的原因是腎上出了毛病，而腎病則是因爲心病引起的。此話出自同治三年四月二十八日給老九的信。老九率吉字營五萬人圍南京，已歷時兩年，遭受千辛萬苦，但進展不大，從朝廷到東南戰場，對他都有指摘之辭。老九所承受的壓力之大可想而知，他的心整日整夜處在極度焦急之中，『逢人輒怒，遇事輒憂』（曾國荃語）。肝病便是這樣得的。故而做大哥的一則勸他寬心將功業看淡一點：『富貴功名，皆人世浮榮，惟胸次浩大是真正受用。』二則不要太焦急，許多事不是自己想辦就能辦得到的：『古來大戰争大事業，人謀僅佔十分之三，天意恒居十分之七。』三則教他一些自我調適的具體方法。這段話講的就是具體方法，如静坐、睡覺、散步等。曾氏這段話中最值得重視的就是忙中偷閒的觀念。上節『評點』中説了『金針』，『抽閒』就是曾氏應對忙迫的『金針』。

原文　懦弱無剛爲大耻

吾家祖父教人，以『懦弱無剛』四字爲大耻，故男兒自立，必須有倔强之氣。惟數萬人困於堅城之下，最爲暗銷鋭氣。弟能養數萬人之剛氣而久不銷損，此是過人之處，更宜從此加功。

譯文

我家祖父教導别人，將『懦弱無剛』四字視爲大耻辱。故而男子漢要想自立，必須要有一股子倔强氣。惟有數萬人受困於堅城之下這件事，是最爲不顯形地銷磨人的銳氣的。弟能培植數萬人的剛氣而長久不銷損，這是過人之處，今後更宜從這方面多用力。

評點

曾氏説『任天下之大事以氣』。所謂氣，通常包括兩方面的概念，一是中醫上説運行於人體内的精微物質，二是指人的精神狀態。這兩者既有區別又有聯繫。以筆者看來，當物質狀態的氣充沛時，人的精神狀態自然就好。當然，精神狀態還受大腦神經的影響，這點則與氣之充沛與否關聯不大。按中國傳統觀念，男子漢有擔負大事的責任，幹大事則要氣息充沛、精神狀態好，它所表露在外的形式則爲陽剛强勁。『懦弱無剛』則與之恰好相反，這種狀態不能辦大事，故而好强而熱心於社會事務的曾氏祖父，將它視爲男子漢的大恥辱。曾氏秉祖訓，一向注重培植剛氣而厭棄暮氣，故對老九這方面的過人之處極爲讚賞。衹是這種剛氣也需控制在一定的尺度内，過度了，則易走向剛愎、執拗、囂張、暴躁、霸道等，如此則不是成事，而是壞事。曾氏常在這方面提醒老九，其目的也是希望他既保存陽剛之氣，又不太過頭。

原文　養生種種

凡後天以脾爲主。脾以穀氣爲本，以有信爲用。望兩弟常告鼎三：每日多喫飯粥，少喫雜物，無論正餐及點心，守定一個時辰，日日不差。若有小小病症，堅守星岡公之教，不輕服藥。

吾閲歷極久，但囑家中老幼，不輕服藥，尤不輕服剋伐之藥，即是善於養生之道。

養生之法，約有五事：一曰眠食有恒，二曰懲忿，三曰節慾，四曰每日臨睡洗脚，五曰每日兩飯後各行三千步。懲忿，即余篇中所謂『養生以少惱怒爲本』也。眠食有恒，又洗脚二事，星岡公行之四十年，余學行七年矣。飯後三千步，近日試行，自矢永不間斷。弟從前勞苦太久，年近五十，願將此五事立志行之。

譯文

人的後天保養，以脾爲主。脾臟以食物爲根本，以有規律爲其運用原則。希望兩位老弟告訴鼎三：每日多喫飯粥，少喫零食，無論是正餐還是喫點心，都要守定一個時候，每天都不改變。如果有小病小痛，則堅守星岡公的教導，不輕易吃藥。

我根據多年的閲歷，特别叮囑家中老老少少不要輕易服藥，尤其不要輕易服性質猛烈的藥，這就是善於養生的方法。

養生的方法，大致説來有五點：一爲睡覺喫飯有規律，二爲剋制忿怒，三爲節制慾望，四爲每天臨睡時洗脚，五爲每天中飯晚飯後各走三千步。剋制忿怒，即我所擬『八本』中的『養生以少惱怒爲根本』。睡覺喫飯有規律及睡覺洗脚兩點，星岡公實行了四十年，我跟着學了七年。飯後三千步，近來開始試行，自誓永不間斷。弟先前勞苦太久，年近五十，但願你能將這五點立定志向實行。

評點

讀曾氏書，一可看出曾氏很注重養生，二是他的一些養生之方至今仍可沿用，比如此處所摘抄的養生五事，事事都值得倣傚。曾氏祇活了六十一歲，從現在的眼光來看，可列爲『英年早逝』的行列。如此說來，他的養生之方似乎對他本人並未起到作用。其實不然。首先，在當時，年過花甲去世，已算有『壽』了，不爲早逝。其次，曾氏是一個病號，三十歲即大吐血，幾於不治。在那個時代，吐血之病如同今天的癌症，乃絶症，曾氏能挺過來，已屬不易。三十五歲後，曾氏即患嚴重的牛皮癬，此後直到死都未痊癒。牛皮癬給他帶來極大的痛苦，甚至讓他有『無生人之樂』的感覺。五十歲後又患高血壓病，最後因此病而終。第三，曾氏一生辛勞過人，憂慮過人，所成過人，這都要耗去常人所遠不及的精力。綜上所述，可知養生對他生命的重要性。

原文　在自修處求强

謂自强者每勝一籌，則余不甚深信。凡國之强，必須多得賢臣。凡家之强，必須多出賢子弟。此亦關乎天命，不盡由於人謀。至一身之强，則不外乎北宮黝、孟施捨、曾子三種。孟子之集義而慊，即曾子之自反而縮也，惟曾、孟與孔子告仲由之强，略爲可久可常。此外鬥智鬥力之强，則有因强而大興，亦有因强而大敗。古來如李斯、曹操、董卓、楊素，其智力皆横絶一世，而其禍敗亦迥異尋常。近世如陸、何、肅、陳，皆予知自雄，而俱不保其終。故吾輩在自修處求强則可，在勝人處求强則不可。若專在勝人處求强，其能强到底與否，尚未可知，即使終身强横安穩，亦君子所不屑道也。

譯文

說自强者每每都要勝過別人一籌，我則不太相信。大凡一個國家的强旺，必須要多有賢臣。凡一家之强旺，則必須多出賢子弟。這也得看天命，不完全因爲人的謀劃。至於自身的强旺，則不外乎北宮黝、孟施捨、曾子三種。孟子的聚集道義內心充實，也就是曾子的以自己認爲理直爲依據。惟有曾子、孟子與孔子告仲由之强，可以略爲長久，略爲常起作用。此外，鬥智鬥力的强悍，則有因這種强悍而大爲興起，也有因這種强悍而大爲失敗。自古以來，如李斯、曹操、董卓、楊素，他們的智巧和力量都横絶一世，而他們的禍敗也與別人大不相同。近世如陸建瀛、何桂清、肅順、陳孚恩，都是自以爲英雄無敵，則都不能保其善終。故而我們這些人，在自我修養方面求取强旺則可以，在壓倒別人方面求取强旺則不可。若一味在壓倒別人方面求得强旺，能不能强到底，還很難說，即便一輩子安安穩穩地强横，也是君子所不屑於稱道的。

評點

什麽是真正的强大？曾氏與老九在這段話中所討論的就是這個問題。曾氏認爲，對一個人來說，真正的强大，體現在自修處求强，而不在勝人處求强。筆者很同意這個看法。這不僅是仁者之言，而且也是智者之言。所謂仁，指的是自身的强大不以傷害別人爲前提；所謂智，指的是惟有自己的努力纔切實可信，而寄託在別人身上的希望都是不可指望的。這段話中所涉及的兩個典故即『北宮黝、孟施捨、曾子三種』與『孔子告仲由之强』，分别出於《孟子·公孫丑》篇及《論語·述而》篇，請參看《唐浩明評點曾國藩家書》中的詮釋。

原文　至味大補莫過於家常飯菜

余現在調養之法，飯必精鑿，蔬菜以肉湯煮之，鷄、鴨、魚、羊、豕，炖得極爛，又多辦醬菜、鹹菜之屬。以爲天下之至味大補，莫過於此。《孟子》及《禮記》所載養老之法，事親之道，皆不出此乎？豈古之聖賢皆愚，必如後世之好服參、茸、燕菜、魚翅、海參，而後爲智耶？

譯文

我而今在飲食方面的調養方法是，飯必須精粹，蔬菜則以肉湯來煮，鷄、鴨、魚、羊、猪等肉類，都炖得很爛，又多置辦醬菜、鹹菜之類的小菜佐食。我認爲天下最美味最大補的食物，再没有超過這些了。《孟子》以及《禮記》中所記載的給老人吃的食物，侍奉老人的方法，都不超過這個範圍。難道説古代的聖賢都愚蠢，一定要像後世那些喜歡吃人參、鹿茸、燕窩、魚翅、海參的人樣纔算聰明嗎？

評點

中國有句古話：物以稀爲貴。這表現在飲食上，則視少有的人參、鹿茸、燕窩、魚翅、海參爲貴，而視常見的鷄、鴨、魚、肉及蔬菜、米麥爲輕。這其實是一個很大的誤區。人之飲食，求的是對人身體的營養滋補。營養滋補力强的，纔是珍貴的。這與食物産量之多與寡無關。積千萬年來的經驗，人們已知道，最爲常見的米麥蔬菜魚肉，纔是人體的最好補品，而參茸燕翅等量少價貴的食物，無非是富人的炫耀擺闊而已，大可不必看重。

原文　好漢打脱牙和血吞

困心横慮，正是磨煉英雄，玉汝於成。李申夫嘗謂余慪氣從不説出，一味忍耐，徐圖自强，因引諺曰『好漢打脱牙和血吞』。此二語，是余生平咬牙立志之訣。余庚戌、辛亥間，爲京師權貴所唾罵；癸丑、甲寅，爲長沙所唾罵；乙卯、丙辰，爲江西所唾罵，以及岳州之敗，靖江之敗，湖口之敗，蓋打脱牙之時多矣，無一次不和血吞之。來信每怪運氣不好，便不似好漢聲口，惟有一字不説，咬定牙根，徐圖自强而已。

譯文

一個人的内心遭受困厄阻礙的時候，也正是經歷磨煉而出英雄的時候，將會促使你的成功。李申夫曾經説我遭遇慪氣事，嘴巴上從不説出來，衹在心裏一味忍耐，慢慢地來求得自强，因此援引諺語説『好漢打脱牙，和血吞下去』。這兩句話，是我生平咬牙立志的秘訣。我在庚戌、辛亥年間，被京師權貴們唾罵；癸丑、甲寅年間，被長沙文武官員們唾罵；乙卯、丙辰年間，被江西官場唾罵，以及岳州之敗、靖江之敗、湖口之敗，打脱牙的時候很多，没有一次不和血吞下去。來信中每每怪罪自己的運氣不好，這便不像好漢説的話，惟有一個字不説，咬定牙根，慢慢地求得自强而已。

評點

同治五年三月，在家蟄居一年半的曾老九，奉旨出任湖北巡撫，並組建新湘軍與捻軍作戰。老九一到武昌，便與官文鬧不和，不顧乃兄勸告，彈劾官文。朝廷雖然將官文調離，但此舉頗遭時議。且新湘軍戰事不利，統領彭毓橘被殺，軍心渙散。老九陷於困境。同治五年十二月十八日，身處河南戰場上的曾氏給老九寫了一封信，與九弟説了一段心腹話，並把自己多年應對困境的秘訣——好漢打脱牙和血吞，送給兄弟。

曾氏一生的事業軌迹，有點接近於人類理想概念中的完備模式，即在無任何依傍的背景下，依靠自己的力量白手起家創立一個團隊，這個團隊做着當時社會最急需的事情，在做事的過程中歷盡千辛萬苦，屢遭挫折失敗，最後取得巨大的成功，然後又清醒地擺脱成功之累，讓事業善始善終。正因爲這樣，曾氏的人生，便成爲百餘年來有志做大事者的一部百科全書，它能全方位地給後人以借鑒和啓示。這裏所説的，是他如何面對挫折與失敗，相信這種『打脱牙和血吞』的精神至今仍有價值。

原文 不取巧

辛苦半生，不肯於老年博一『取巧』之名，被人竊笑也。

譯文

辛辛苦苦奮鬥半輩子，不願意在老年時還被加上一個『取巧』的名聲，被人暗地譏笑。

評點

曾氏平生信奉『拙誠』。胡林翼曾説，古來聖賢成事，惟在『平實』而已。世人大多好取巧，認爲祇有『取巧』纔能少費力少走彎路地辦成事。『取巧』用在小事上或許有作用，但在大事上，或者説在人生做事的原則上則不可。『取巧』祇能説是小聰明，不能説是大智慧。大智慧則是曾、胡所説的拙誠、平實。

原文 悔立達

申甫所謂『好漢打脱牙和血吞』，星岡公所謂『有福之人善退財』，真處逆境者之良法也。弟求兄隨時訓示申儆，兄自問近年得力，惟有一悔字訣。

兄昔年自負本領甚大，可屈可伸，可行可藏，又每見得人家不是。自從丁巳、戊午大悔大悟之後，乃知自己全無本領，凡事都見得人家有幾分是處。故自戊午至今九載，與四十歲以前，迥不相同，大約以能立能達爲體，以不怨不尤爲用。立者，發奮自强，站得住也；達者，辦事圓融，行得通也。吾九年以來，痛戒無恒之弊，看書寫字從未間斷，選將練兵，亦常留心，此皆自强能立工夫。奏疏公牘，再三斟酌，無一過當之語自誇之詞，此皆圓融能達工夫。至於怨天，本有所不敢；尤人，則常不能免，亦皆隨時强制而克去之。弟若欲自儆惕，似可學阿兄丁、戊二年之悔，然後痛下針砭，必有大進。立、達二字，吾於己未年曾寫於弟之手卷中，弟亦刻刻思自立自强，但於能達處尚欠體驗，於不怨尤處尚難强制。吾信中言，皆隨時指點，勸弟强制也。

趙廣漢本漢之賢臣，因星變而劾魏相，後乃身當其災，可爲殷鑒。默存一悔字，無事不可挽回也。

譯文

李申甫所説的『好漢打脱牙和血吞』，星岡公所説的『有福氣的人善於退財』，真正是處於逆境者的好辦法。弟來信請求兄隨時訓導警誡，兄自己覺得近年來最有幫助的，便是一個悔字秘訣。

兄過去自以爲本事很大，能屈能伸，可進可退，又常常容易看出别人的不是。自從丁巳、戊午年間大反省大徹悟之後，於是明白自己完全没有本事，凡事都能够看到别人有幾分長處。故而從戊午至今九年，與四十歲以前絶然不同。這種不同，大致説來是以能立能達爲本體，以不怨不尤爲運用。所謂立，指發奮自强，能站得住；所謂達，指辦事圓融，能行得通。我這九年來，痛改過去無恒心的弊病，讀書寫字從不間斷，對選拔將官訓練士卒，也時常留心。這些都是自强能立的功夫。對所擬的奏摺公函，再三斟酌，没有一句言過其實的話、一個自我誇耀的詞。這些都是圓融能達的工夫。至於埋怨天，本來就不敢這樣；埋怨人，則雖經常不能避免，也都隨時强制自己而能努力克服。弟若想自我警惕，似可以學習爲兄丁巳、戊午這兩年的悔悟，然後痛下決心，必然大有進步。立、達這兩個字，我已在己未年曾經寫在送給弟的手卷中，弟也在時時刻刻想着自立自强，但對於能達方面，尚欠缺親身體驗，在不怨不尤這點上，還難以做到强制自己。我信中所説的，都是隨時遇事指點，勸弟强行克制。

趙廣漢本是漢代的賢臣，因天象之變而彈劾魏相，後來由此而招來的災禍害了他。此事可爲歷史的借鑒。默默地保存着一個悔字，没有什麽事情是不可挽回的。

評點

在傳授『打脱牙和血吞』的秘訣後，曾氏又教給九弟一個悔字秘訣。前一個秘訣是應對困境時的態度，後一個秘訣是深入分析爲何會造成此種困境的一把鎖鑰，對於人生境界的提升，此一訣似更爲重要。曾氏回憶起自己過去纍遭困厄的原由乃是自以爲了不起，通過咸豐七年八年的深刻反省，終於大徹大悟，明白自己其實並没有什麽大本事。從此以後小心謹慎，謙卑待人，從而做到自强圓融，能立能達。這就是他所説的悔字訣。以檢討自己來啓沃被教者，這是曾氏一貫的家教方法。這種教育方法非常好，它既將教者與被教者置於平等地位，使被教者感覺親切和易，同時又以親身爲例，使所教更具有説服力。

原文　生平長進全在受挫辱之時

袁了凡所謂『從前種種譬如昨日死，從後種種譬如今日生』，另起爐竈，重開世界，安知此兩番之大敗，非天之磨煉英雄，使弟大有長進乎？諺云：『吃一塹，長一智。』吾生平長進，全在受挫辱之時，務須咬牙勵志，蓄其氣而長其智，切不可苶然自餒也。

朱子嘗言：悔字如春，萬物蘊蓄初發；吉字如夏，萬物茂盛已極；吝字如秋，萬物始落；凶字如冬，萬物枯凋。又嘗以元字配春，亨字配夏，利字配秋，貞字配冬。兄意貞即硬字訣也，弟當艱危之際，若能以硬字法冬藏之德，以悔字啓春生之機，庶幾可挽回一二乎！

余生平吃數大塹，而癸丑六月不與焉。第一次壬辰年，發佾生，學臺懸牌，責其文理之淺。第二庚戌年，上日講疏内畫一圖甚陋，九卿中無人不冷笑而薄之；第三甲寅年岳州、靖港敗後，棲於高峰寺，爲通省官紳所鄙夷；第四乙卯年九江敗後，赧顔走入江西，又參撫臬，丙辰被困南昌，官紳人人目笑存之。吃此四塹，無地自容，故近雖忝竊大名，而不敢自詡爲有本領，不敢自以爲是。俯畏人言，仰畏天命，皆從磨煉後得來。

弟之手痛，尚未及遽成痼疾之年，祇要弟心寬和，肝鬱稍紓，即可日就康復。古語云：心病還須自心醫。

譯文

袁了凡所説的『從前種種好比昨日，都已過去了，以後種種好比今日，都充滿着生機』，另起爐竈，重開一個新的世界，誰能説這兩次的大敗，不是老天爺對英雄的磨煉，使弟今後能大有長進呢？諺語説：『吃一虧，長一智。』我一生的長進，完全在遭受挫折和侮辱的時候。故而必須咬牙勵志，積蓄發憤圖强的志氣，增加辦事的才智，切不可以頹唐喪氣。

朱熹老夫子曾説過：悔字好比是春天，萬物蓄勢初發；吉字好比夏天，萬物茂盛到了極點；吝字好比秋天，萬物開始謝落；凶字好比冬天，萬物枯乾凋殘。又曾經以元字與春天配合，以亨字與夏天配合，以利字與秋天配合，以貞字與冬天配合。兄認爲硬字訣即『貞』的意義。弟處於艱危的時候，

若能以硬字做法上天借冬天來儲藏精氣的做法，以悔字來啓發春天的生機，或許可將軍事挽回幾分。

我這一生遭遇過好幾次大坎，至於癸丑六月的事還不算在内。第一次壬辰年，祇得個佾生身份，學臺懸着牌子指責文理淺薄。第二次庚戌年，呈遞所擬的日講疏上畫的一幅圖很醜陋，九卿中沒有一個不發出冷笑而看不起。第三次甲寅年，岳州與靖港之戰失敗後，住在高峰寺，爲全省的官紳所鄙視。第四次乙卯年，九江之戰失敗後，紅着臉走進江西省，接着又參劾撫臺臬臺；丙辰年被困在南昌，官紳個個都看我的笑話。遭過這四次坎，真是覺得無地自容，故而近年來雖然獲得大名，却不敢誇耀自己有本事，也不敢自以爲是。低頭畏懼人言，擡頭畏懼天命，這些認識都是從磨煉中得來的。

弟的手痛病，還沒有到達治不好的地步，祇要心態寬和，鬱積的肝氣稍稍發舒，便可日漸康復。古話説得好：心病還得靠養心來醫治。

評點

同治五、六年間，是曾國荃一生最爲困厄的一段時期，人事、軍務都極爲不順。到了同治六年十月間，他終於在鄂撫一職上待不下去了，重又回到湘鄉老家，以養病爲名窩居七八年之久，直到光緒元年纔再度出山，就任河東河道總督。同治六年三四月間，曾氏頻繁給老九去信，安慰他，激勵他，以圖幫助他度過這一難關。此處所摘録的四段話皆出自這批信中。從這幾段話中，我們可以看到曾氏

的思想工作是這樣做的：一，忘記過去，正視將來。二，挫折和失敗是正常的事情，但要從中吸取教訓，以增進才智，並藉助它來砥礪意志。三，挫折和失敗能使人更全面地認識自我，從而去掉驕矜之氣，保持常人心態。

原文　半由人力半由天命

凡富貴功名，皆有命定，半由人力，半由天事。惟學作聖賢，全由自己作主，不與天命相關涉。吾有志學爲聖賢，少時欠居敬工夫，至今猶不免偶有戲言戲動。爾宜舉止端莊，言不妄發，則入德之基也。

譯文

大凡富貴功名，都由命運來決定，一半由於人的努力，一半由於天意的安排。惟有學習做聖賢，則全由自己做主，不與天命相聯繫。我有志學習做聖賢，少年時候欠缺居敬的工夫，至今尚且不免偶爾有不莊重的言行。你應該舉止端莊，言語不隨便出口，則是邁進有德者行列的基礎。

評點

這是咸豐六年九月，曾氏在江西戰場上寫給次子紀鴻的信。紀鴻此時不過八九歲，對他談學做聖賢一類的話，從今天教育學的理論看來，未免太早。放開這一層不説，單從這段話本身來講，却是很值得重視的。但這段話中有一個費解之處，曾氏説富貴功名皆有命定，儻若命裏缺乏，人再努力，不

也是白搭嗎？如此，則『半由人力，半由天命』作何解？筆者現在來一番强作解人，不知能探到邊際否。

在筆者看來，曾氏的意思是，與自我意向相比較，『功名富貴』這一類東西乃諸多因素綜合下的產物。凡超出個人意志之外由諸多因素相配合來決定的，就叫做命定。至於在互相配合的諸多因素中，人的努力起着一半的作用，其他因素合起來也起一半的作用。由此看來，人力依舊是關鍵。把握住『人力』這一半，再去竭力配合『天事』的那一半，則有可能獲取功名富貴。『天事』那一半很不好配合，因此，功名富貴的獲得是很難的事。故而古往今來的達人，都不以此作爲人生的惟一追求，衹是順其自然：能有當然好，没有也算了。

原文　敬與恕

作人之道，聖賢千言萬語，大抵不外敬、恕二字。『仲弓問仁』一章，言敬、恕最爲親切。自此以外，如立則見參於前也；在輿則見其倚於衡也。君子無衆寡，無大小，無敢慢，斯爲泰而不驕。正其衣冠，儼然人望而畏，斯爲威而不猛。是皆言敬之最好下手者。孔言欲立立人，欲達達人，孟言行有不得，反求諸己，以仁存心，以禮存心，有終身之憂，無一朝之患。是皆言恕之最好下手者。

譯文

通往做一個好人的途徑，聖賢説過千言萬語，大致不外乎敬與恕兩個字。『仲弓問仁』一篇中談敬與恕最爲親切。這一篇之外，如站立時則見它顯現在面前，坐在車子裏則見它靠在前面的横木上。

不管人多少，不管勢力大小，君子都不敢怠慢他們，這就叫做雖安泰矜持却不驕傲。衣冠整齊，莊嚴地使人望着便生發敬畏，這就叫做雖威嚴而不兇猛。這些都是談論敬字的最好着眼點。孔子說自己想立起來也要讓别人立起來，自己想顯達也要讓别人顯達，孟子說實行時得不到預期效果，要反躬自問，將仁存於心中，將禮存於心中，有一輩子的憂慮，則無一日的禍患。這些都是談論恕字的最好着眼點。

評點

筆者與曾氏打了二十多年的交道，發現曾氏有一個特别過人的長處，即善於提煉。他的提煉功力表現在，一是他能把複雜的對象用簡單的文字予以表述，二是他能把艱深的對象用淺白的文字予以表述，三是他能把龐大的對象用簡約的文字予以表述。這種提煉功力來之不易。他既需要將對象真正研究深透，又得有由博返約的歸納能力，還需要文字上的運用自如。這段話便是一個例子。他從聖賢的千言萬語中挑出敬恕兩個字來，實際上是對博大精深的儒家學說的一種提煉。

原文　盡其在我聽其在天

吾於凡事皆守『盡其在我，聽其在天』二語，即養生之道亦然。體强者如富人，因戒奢而益富；體弱者如貧人，因節嗇而自全。節嗇，非獨食色之性也，即讀書用心，亦宜檢約，不使太過。余『八本』篇中言養生以少惱怒爲本，又嘗教胸中不宜太苦，須活潑潑地，養得一段生機，亦去惱怒之道也。既戒惱怒，又知節嗇，養生之道，盡在我者矣。此外壽之長短，病之有無，一概聽其在天，不必多生妄想去計較他。凡多服藥餌，求禱神祇，皆妄想也。吾於醫藥禱祀等事，皆記星岡公之遺訓，而稍加推闡，教爾後輩。

譯文

我對於每件事，都守定『盡自己的力量去辦，結果如何則聽從天意』這樣兩句話，即便養生上也這樣。體格强壯者好比有錢人，因戒除奢侈而更加富有；體格單弱者好比貧窮人，因節制愛惜而能自我保全。節制愛惜，不僅僅在食色這種本性上，即便是讀書用心思，也宜於約束，不使得太過頭。我的『八本』篇中說養生以減少煩惱忿怒爲本，又曾經教導你們胸中不宜有太多的苦惱，要活潑潑地，培育出一股生機，這也是去掉惱怒的辦法。既戒掉惱怒，又懂得節制愛惜，如此，養生的規律便都在我自己的手裏了。這些之外，諸如壽命的長短，疾病的有無，一概聽其自然，不必要多生妄想去計較它。凡是多服補藥，拜求神靈賜與等等，都是妄想。我對於醫藥祈禱祭祀這些事，都謹記星岡公的遺訓，而稍稍加以說明推衍，教導你們後輩人。

評點

曾氏晚期的人生態度是盡心盡力地做事，至於結果怎樣，則不去多考慮，與早期『功可强立，名可强成』的處世作風有很大的不同。其指導思想，出於道家的順其自然。他於養生，同樣也持這種態度。

原文　静坐默坐

静坐，思心正氣順，必須到天地位、萬物育田地方好。

默坐，思此心須常有滿腔生意，雜念憧憧，將何以極力掃却？勉之。

譯文

静坐，想着心的正正堂堂、氣的順順暢暢，必須到達一種天地到位、萬物生育的境地纔好。

默坐，想着這顆心裏必須常常有滿腔生機，但雜念很多，將如何來竭力清除呢？以此爲自我勉勵。

評點

據年譜記載，曾氏在道光二十一年七月間拜理學大師唐鑒爲師，『唐公專以義理之學相勖，公遂以朱子之學爲日課』。在一段較長的日子裏，曾氏與唐鑒、倭仁、邵懿辰、陳源兖等師友以日記作爲互相監督的手段，希望藉此砥礪品性，逐漸去掉俗塵，靠近聖賢。曾氏的日記，『力求改過，多痛自刻責之語』。此處這兩段話便出自曾氏道光二十二年十月初二、初三兩天的日記，説的是這兩天静坐時心中所思。静坐反思，是當時曾氏義理修煉時的必修功課。排除其他干擾的静坐之思，往往會因寧静而更客觀、更細微、更深刻。這兩段話説的都是關於人的心境的問題。曾氏認爲，人的心境應是序列到位、生機盎然纔是最好的。

原文　静字工夫最要緊

唐先生言最是静字工夫要緊。大程夫子是三代後聖人，亦是静字工夫足。王文成亦是静字有工夫，所以他能不動心。若不静，省身也不密，見理也不明，都是浮的，總是要静。又曰凡人皆有切身之病，剛惡，柔惡，各有所偏，溺焉既深，動輒發見，須自己體察所溺之病，終身在此處克治。余比告先生，謂素有忿很，不顧氣習，偏於剛惡，既而自究所病，衹是好動不好静。先生兩言，蓋對症下藥也。務當力求主静，如使神明如日之升，即此以求其繼繼續續者，即所謂緝熙也。知此而不行，真暴棄矣，真小人矣！

譯文

唐先生説静字工夫最爲要緊，程顥老夫子是三代之後的聖人，也是静字工夫很完足。王陽明先生也是在静字上有工夫，所以他能够做到不動心。若是不静，反省自身也不能縝密，分析事理也不能明白，都是浮泛的，總而言之是要静。又説所有人都有自身毛病，或在剛上的病，或在柔上的病，各人有所偏向，沉溺其中既深，一旦發現，需要自己體察所沉溺的毛病，終身在這點上予以克服療治。我當即告訴先生，説自己一貫來懷有忿很之氣，不顧風氣習俗，性格上偏於剛激，後來自己追究所患的毛病，衹是喜好躁動而不能安静。先生這兩句話，都是對症下藥。務必要力求以静爲主持，儻若能够使精神思慮如同初升的朝日，則將這種狀態繼續不斷地保持，也就是所説的光明爽朗。知道這個道理而不力行，那就是真正的自暴自棄，真正的小人！

評點

在這段日記的天頭上，倭仁批道：『心靜則體察精，克治亦省力。若一向東馳西騖，有溺焉而不知，知而無如何者矣。』靜這個字，不但程朱理學强調，老莊和禪家更爲重視。我們常説當今社會浮躁，其源便在人心不安靜。

原文　多言乃德之棄

岱雲來，談詩、字心得，語一經説破，胸中便無餘味，所謂『德之棄』也，況無心得而有掠影之談乎！

譯文

岱雲過來談有關吟詩、寫字的心得，話一旦説破了，胸中便失去了餘味，也就是『被有德者所拋棄』的意思，何況本没有心得而衹是浮光掠影的閒談！

評點

『德之棄』出於《論語·陽貨》：『子曰：道聽而途説，德之棄也。』孔子不喜歡多話，尤其討厭不負責任、没有根據的言談，如《論語》中所説的『敏於事而慎於言』，『君子訥於言而敏於行』，『剛毅木訥近仁』，『群居終日，言不及義，好行小慧，難矣哉』等等，都展現出孔子的這個性格。曾氏傚法孔子這點。這段日記便是對自己當日多言的反省。

原文　躬自厚而薄責於人

有蓋寬饒、諸葛豐之勁節，必兼有山巨源、謝安石之雅量，於是乎言足以興，默足以容。否則，嶢嶢易缺，適足以取禍也。雅量雖由於性生，然亦恃學力以養之，惟以聖賢律己，躬自厚而薄責於人，則度量閎深矣。

譯文

有蓋寬饒、諸葛豐的勁厲節操，必須兼有山巨源、謝安石的宏大氣量，於是説話則足以興作，沉默則足以寬容。否則，嶢嶢者易於被摧折，勁厲節操反而會招來禍災。宏大氣量雖然是由於天性决定，但也可以依靠學習來培養，衹有以聖賢作爲榜樣來律己，對自身要求嚴格而輕於責備別人，則度量就將宏大深闊。

評點

蓋寬饒是漢宣帝時的大臣，諸葛豐是漢元帝時的大臣，他們兩人都性格剛直，嫉惡如仇，也都因此而招怨，一被下獄自殺而死，一被削職回籍。山巨源是晉代名士，與嵇康、阮籍等人交遊，爲竹林七賢之一，後嵇康與之絶交，並作文譏笑他，他亦能容忍。謝安石即謝安，是一個著名的喜怒不形於色的人。曾氏在這裏談到了一個重要的處世道理，即應當有寬容別人的雅量，而雅量也是可以培養獲得的。

原文　淡極樂生

偶作聯語以自箴云：『禽裏還人，靜由敬出；死中求活，淡極樂生。』一本《孟子》『養氣』章之意，一本《論語》『疏水曲肱』章之意，以絶去梏亡營擾之私。

譯文

偶爾作一聯語，藉以自箴：『從禽獸俗慾中返回人的本性，寧靜係由敬謹而出；從死亡綫上求得生命，恬淡至極乃生快樂。』一源自《孟子》『養氣』章，一源自《論語》『疏水曲肱』章，用以斷絶鑽營謀利而束縛本性的私心。

評點

理學認爲，人因爲私慾過重就會喪失本性而墜入禽獸一流，去掉私慾，也便恢復人的本性，這便是『禽裏還人』的意思。曾氏作此聯，意在去貪慾而求恬淡。

原文　平淡使胸襟寬闊

胸襟廣大，宜從平淡二字用功。凡人我之際，須看得平；功名之際，須看得淡。庶幾胸懷日闊。

譯文

要想胸襟廣大，宜從平與淡二字上用功。凡在與別人打交道時，必須將自己的心態擺平；在對待功利得失時，則必須把利益看淡薄。如此，胸懷或許會一天天寬闊。

評點

人的胸襟之所以不廣闊，是因爲受外物所阻。過於計較得失，過於看重榮辱，這些都屬於外物。去掉這些外物，人的胸懷便會變得開闊。平淡即去外物後的表現。

原文　涼薄之德三端

凡人涼薄之德，約有三端最易觸犯。聞有惡德敗行，聽之娓娓不倦，妒功忌名，幸災樂禍，此涼德之一端也。人受命於天，如臣受命於君，子受命於父，而或不能受命，居卑思尊，日夜自謀，置其身於高明之地，譬諸金躍冶而以鏌鋣干將自命。此涼德之二端也。胸苞清濁，口不臧否者，聖哲之用心也。强分黑白，遇事激揚者，文士輕薄之習，優伶風切之態也。而吾輩不察而傚之，動輒區別善惡，品第高下，使優者未必加勸，而劣者幾無以自處。此涼德之三端也。余今老矣，此着尚加戒之。

譯文

大凡人在德性方面的涼薄處，約有三點最容易表露出來。對於別人的道德醜惡行爲敗壞，聽得極有興趣而不疲倦，忌妒别人立功成名，幸災樂禍，這是德性凉薄之一。人秉受天命，好比臣子秉受君命，兒子秉受父命，而有的人不能接受天命，身居卑賤而想得到尊貴，日夜自我謀劃，把自己置身於高明的地步，好比煉鐵爐裏的鐵塊從火爐中躍出自認爲是鍛造鏌鎁、干將的材料。這是德性凉薄之二。胸中對誰清誰濁很清楚，但嘴巴上却不作評論，這是聖哲的心思。勉强要分個黑白，對事情要激濁揚清，這是文人的輕薄習氣、戲子的譏諷態度。我們這些人對這種現象没有覺察反而倣法，動不動便要區分善惡，品評高下，使得那些優秀者並没有得到鼓勵，而低劣者則感到無地自容。這是凉薄德性之三。我現在老了，關於這方面還要加以警戒。

評點

曾氏在這裏所説的，是屬於人性中的弱點。他説了三個：一爲忌妒、幸災樂禍，二爲不安本分，三爲喜歡評説是非。曾氏所處的時代距今已一百多年，雖然社會制度迥然不同，科技的發達、物資的豐富更是與當年有霄壤之别，但人性中的這些弱點依然存在。正因爲人性未變，所以古代的人文好書依舊有閲讀的價值。

原文　君子三樂

君子有三樂，讀書聲出金石，飄飄意遠，一樂也；宏奬人才，誘人日進，二樂也；勤勞而後憩息，三樂也。

譯文

有三件事讓君子感到快樂：讀書時發出金石相激的聲音，飄飄地讓人覺得意韻幽遠，這是一樂；大力獎勵人才，用自己的言行引導人才日日進步，這是二樂；辛勤勞作後的休息，這是三樂。

評點

人生在世，最大的享受莫過於讓自己覺得快樂。至於什麽是快樂，却各有各的感覺，在不同的感覺中，足可見出一個人的趣味高下。曾氏所説的君子三樂，道出了一個高尚的人生境界。

原文　與人爲善取人爲善

古聖人之道，莫大乎與人爲善。以言誨人，是以善教人也；以德熏人，是以善養人也。皆與人爲善之事也。然徒與人，則我之善有限，故又貴取諸人以爲善。人有善則取以益我，我有善則與以益人。連環相生，故善端無窮；彼此挹注，故善源不竭。君相之道，莫大乎此；師儒之道，亦莫大乎此。仲尼之學無常師，即取人爲善也；無行不與，即與人爲善也；爲之不厭，即取人爲善也；誨人不倦，即與人爲善也。念吾忝竊高位，劇寇方張，大難莫平，惟有就吾之所見，多教數人，因取人之所長，還攻吾短，或者鼓蕩斯世之善機，因以挽回天地之生機乎！

譯文

古時聖人處世的原則，莫大過與人爲善。以言語訓誨人，就是用善心來教育人；以道德熏陶人，就是用善心來培養人，這都是與人爲善的事。然而祇是給予人，那麽我的善有限，故而又貴在從別人那裏獲取善。別人有善，則取過來以增益於我，我有善則增益於別人，如連環般相生，故善端無窮無盡，彼此灌注，故善源永不枯竭。爲君爲相的原則，再没有大過這點的，爲師爲儒的原則，也再没有大於這點的。孔子的學問没有固定的老師，也就是獲取別人的善爲善，隨便到哪兒都給予別人，也就是與人爲善。向人學習不厭煩，即取人之善爲善；訓誨人不疲倦，即與人爲善。細想自己佔據高位，敵人的勢力正很强大，大災難没有平息，惟有就我的見識多教導幾個人，取別人之所長，鞭責自己的過失，或許能激勵今世善的機緣，用來挽回天地的生機。

評點

這是寫於同治二年正月的一段日記。此時的曾氏，身爲協辦大學士、兩江總督，節制東南四省軍務。真可謂位高權重，爲人臣者一時無兩。曾氏並不像歷史上許多權臣那樣，氣焰熏天，炙手可熱，而是更加處處檢點自己，收斂自己。他意識到自己爲萬衆所瞻，故而必須做萬衆的榜樣。至於他本人的榜樣，則是他一貫所倣法的聖人。他努力做當世的聖人，以此來教化當世。如此高位重權者，悠悠史册，難尋幾個，因此曾氏受到了歷史的尊敬。

原文　勤儉剛明孝信謙渾八德

前以八德自勉，曰勤、儉、剛、明、孝、信、謙、渾。近日於勤字不能實踐，於謙、渾兩字，尤覺相遠，悚愧無已。勤、儉、剛、明四字，皆求諸己之事；孝、信、謙、渾四字，皆施諸人之事。孝以施於上，信以施於同列，謙以施於下，渾則無往不宜。大約與人忿争，不可自求萬全處，白人是非不可過於武斷，此渾字之最切於實用者耳。

譯文

先前我以八種美德自勉，這八種美德爲：勤、儉、剛、明、孝、信、謙、渾。近來在勤字上不能實踐，在謙、渾兩字上，更加覺得相差很遠，恐懼慚愧無已。勤、儉、剛、明四字，都是訴求於自身的事；孝、信、謙、渾四個字，都是加在別人身上的事。孝用來施行於長輩，信則用來施行於同輩，謙用來施行於下屬，渾則隨處都適宜。大致説來，與別人争吵，不可以要求別人事事都對，説人的是非不可以過於武斷。這些都是渾字之最切實用之處。

評點

此處所説的八個字中有一個渾字，向來不被人視爲美德，然曾氏却常常提到它，看重它。渾即含渾之意，與今天所説的模糊近義。而今模糊已成爲一門學問，即模糊學，在科學上有它的重要價值，在人類社會中它也有重要的價值。許多社會現象，很難精確分析，這是因爲它原本就是模糊的，所以應以模糊來看待。

原文　以淡字去名心與俗見

近年焦慮過多，無一日遊於坦蕩之天，總由於名心太切，俗見太重二端。名心切，故於學問無成德行未立，不勝其愧餒；俗見重，故於家人之疾病，子孫及兄弟子孫之有無賢否强弱，不勝縈擾，用是憂慚局促，如繭自縛。今欲去此二病，須在一淡字上着意，不特富貴、功名及身家之順逆、子孫之旺否，悉由天定，即學問德行之成立與否，亦大半關乎天事，一概淡而忘之，庶此心稍得自在。

譯文

近年來焦慮過多，没有一天是在心胸坦蕩中度過，這都是因爲好名之心太强烈、世俗的觀念太嚴重兩點所造成的。好名之心太强烈，故而對於學問上没有成就德行上没有建樹，很感到慚愧氣餒。世俗的觀念太嚴重，故而對於家人的病痛，子孫以及兄弟子孫的能力有無、德行賢否、身體强弱等，牽掛太多，因此擔心憂慮而不能自拔。現在我想去掉這兩個弊病，必須在一個淡字上用心，不僅富貴、功名以及一身一家的逆或順、子孫的興旺與否，全部交由上天決定，即便是學問、德行的成立與否，也大半聽天由命，一概看淡甚至忘掉，或許此心可稍稍得到自在。

評點

這段話出於同治十年三月十六日的日記。十多年前，曾氏便説過人我之際須看得平，功名之際須看得淡，如此胸襟纔能寬闊的話。到了晚年，曾氏還在説自己因爲『淡』得不够，致使焦慮過多。由此可見，平、淡二字，説來容易，做起來却難，連曾氏這樣的人到老都不能做到，何況一般人！另一方面，這也説明不能平不能淡，大概是人的本性，人要改變人類自身的本性，就得要這樣時時刻刻地不斷反省。曾子説『吾日三省吾身』，即便是曾子這樣的『宗聖』，也得要天天反省。這樣看來，曾氏晚年仍在重複中年時期所説過的話，也便不奇怪了。的確，修持是一個貫徹終生的事。

原文　人才以志趣視高下

凡人材高下，視其志趣。卑者安流俗庸陋之規，而日趨污下，高者慕往哲盛隆之軌，而日即高明，賢否智愚，所由區矣。

譯文

區别人才的高與下，宜看他的志向趣味。志趣低的安於世俗鄙陋的規矩，則日趨卑下，志趣高的追慕先哲轟轟烈烈的道路，而一天天走向高明，賢良不賢良，智慧還是愚蠢，在這裏區分開了。

評點

人與人之間是有高下賢愚之分的，但真要加以區分又不容易。曾氏在這裏給出一個區分方法，即看他的志趣。志趣不同，不但在起點上便有差别，而且志趣本身還有導向的作用，越到後來，彼此的差距就會越大。正因爲如此，對於年齡越小的人來説，志趣的定位就越顯得重要，它將關乎此人一輩子的人生走向。

原文　世間尤物不敢妄取

休寧瞿令福田送右軍帖一本，王夢樓跋斷爲淳化祖本，且定爲唐刻，考覈未必確鑿。而神采奕奕，如神龍矯變，不可方物，實爲希世至寶。余行年五十有一，得見此奇，可爲眼福。瞿令又送趙侍制仲穆所畫飛白竹，上有施愚山、沈繹堂諸先生題跋，亦可寶也。余以世間尤物不敢妄取，審玩片刻，仍亦璧還。去年黎令福疇送劉石庵、翁覃溪二公在闈中所書手卷，余亦璧却。此三件可稱祁門三寶。

譯文

休寧縣令瞿福田送來王羲之字帖一本，王夢樓的跋文判斷此帖爲淳化祖本，而且斷定所依據的原件爲唐朝所刻。王夢樓的考證未必準鑿，但帖上的字神采奕奕，如同神龍矯變，不可想象，實在是希世至寶。我今年五十一歲，能够看到這件奇物，可稱得上有眼福。瞿縣令又送來趙仲穆侍制所畫的飛白竹，上面有施愚山、沈繹堂各位先生的題跋，也是值得寶貴的。我秉世間特别寶貴的東西不敢隨便獲取的原則，仔細欣賞一會兒，依舊退還。去年黎縣令送來劉墉、翁方綱二位先生在考場中所寫的書法長卷，我也原璧奉還。這三件物品可稱之爲祁門三寶。

評點

好一個『世間尤物不敢妄取』，筆者禁不住爲此語擊節再三！這段話見於曾氏咸豐十一年一月二十二日的日記，此時曾氏身爲兩江總督，駐紮祁門。祁門縣令黎壽民及附近的休寧縣令瞿福田送來三件書法珍品，酷愛書法的曾氏却以『世間尤物不敢妄取』之原則，將這『祁門三寶』璧還。換成别人，他可以心安理得地收下，甚至還可以欣賞前賢墨寶爲由頭，招集幕中及地方文人開一個詩酒文會，大家吟詩題文，相互唱和，以文人之好來爲此行賄受賄塗上風雅光環。但曾氏没有這樣做，他以『舉頭三尺有神明』來作爲自律的戒尺，既保持自己的清白之身，也爲日後不可預測的干求截斷了進門之路。

原文　成敗聽天毁譽聽人

我輩辦事，成敗聽之於天，毁譽聽之於人，惟在己之規模氣象，則我有可以自主者，亦曰不隨衆人之喜懼爲喜懼耳。

譯文

我們這些人辦事，成與敗聽天的安排，毁與譽聽别人的評説，惟有自己的氣度，則我們可以對其中一部分做得主，也可以説在這些方面是不把衆人的喜與懼當作自己的喜與懼。

評點

乾隆時的名臣陳宏謀説過一段話，叫作『是非審之於己，毁譽聽之於人，得失安之於數』。這段話常被後人引用，曾氏這句話，其大旨亦與之同。世上的事情，絶大部分是自己做不了主的，衹有極少一部分可以由自己主宰。既然做不了主，又何必去勞神費力？有限的神與力，且交給那些可以自我主宰的事吧！

原文 位高譽增望重責多

位愈高則譽言日增，箴言日寡；望愈重則責之者多，恕之者少。閣下愛我，迥越恒俗，望常以藥石之言相繩。弟每日行事，有日記一册，附家報中。閣下如有不謂爲然之處，即懇逐條指示，不勝銘感。

譯文

地位愈高則誇譽的話一天天增多，規勸的話一天天減少；聲望愈重則指責的人多，寬恕的人少。您平時對我的關愛超過別人，希望您常常以忠言相告，使我行事有所準繩。我每天做的事，都記在日記中。這些日記附在寄回家的包封裏。您如果覺得有不妥當的地方，誠懇地請逐條指出，不勝感激。

評點

位高譽言多箴言少，這是社會常情。處高位者當知道並非自己事事正確。望重責者多恕者少，這也是社會常情。負重望者也不必因此而畏首畏尾。曾氏明此理，可見他深通人情。另，從這段話中，我們也可以知道曾氏的日記是定期送回家的，且外人也可以看。由此看來，曾氏的日記必有其着意爲之的成分，研究曾氏者不可不察。

原文 花未全開月未圓滿

常守『花未全開月未圓滿』之戒，不稍涉驕矜之氣，則名位日隆矣。

譯文

時常守定『花未全開月未圓滿』的戒律，毫不涉及驕矜之氣，名與位則將會一天天興隆。

評點

花盛則凋，月盈則虧，這是自然界的規律。人們從這一自然規律中得到啓示，知道事物到了極點後，它的發展趨勢則是回落。人的心態是希望看到上升而不願意看到回落，避免回落的途徑便是不令它走向極點。比如花，全開是極點，未全開則是好狀態；比如月，圓滿是極點，未圓滿則是好狀態。將它移到人事上，則意味着什麼好處都得到，或者是得到某種處於絶頂位置的好處，這都是屬於極點的範疇，其實並不好，好的狀態則是有所不足，有所缺陷。此外，若是一個人既做着轟轟烈烈的事業，享受着或位高權重或聲隆財大的待遇，又志得意滿，鋒芒畢露，傲視一切，惟我獨尊，那麽這也是進入極點的範疇，前景將會不妙。制止的辦法，或是減損位、權、聲、財，或是收斂意氣，讓缺陷與不足存在，這纔是好狀態。這種最早記載於《易經》的中國式大智慧，歷來爲有識士人所重視，曾氏尤對此極有研究。霆字營統領鮑超是個粗人，勇猛有餘，學識不足，故曾氏寫這句話勸導他。

原文　言命

孟子言治亂興衰之際，皆由人事主之，初不關乎天命，故曰以齊王由反手也，曰使製挺以撻秦楚之堅甲利兵，皆以人謀而操必勝之權，所謂禍福無不自己求之也。董子亦曰：『治亂興廢，在於己，非天降命不可得反。』與孟子之言相合矣。孔子曰：『天生德於予，桓魋其如予何？』『天之未喪斯文，匡人其如予何？』亦似深信在己者之有權。然鳳鳥不至，河不出圖，有『吾已矣夫』之嘆，又似以天命歸諸不可知之數。故答子服景伯曰：『道之將行，命也；道之將廢，命也。』語南宫适曰：『君子若人，尚德若人。』其隱然以天命爲難測。聖賢之言，微旨不同，在學者默會之焉耳。

譯文

孟子説社會的治與亂、興與衰等狀態，都由人事來決定，本來就不與天命相關，故而説『對齊王而言如同反手之間』，説『可以製造棍棒來笞撻秦國楚國的堅甲利兵』，都是以人的謀略來操必勝的權柄。這就是所謂禍與福無不是自己求來的。董仲舒也説『治與亂、廢與興在於自己，不是上天所降下來的命令不可違反』，與孟子的話相符合。孔子曰『上天在我身上生就優秀品德，桓魋能把我怎樣？』『上天没有不要斯文，匡人能把我怎樣？』也好像是深信權柄是握在自己手裏的。但是鳳凰不來，黄河也不再浮出圖典，於是有『我這一生算是完了』之嘆，又好像將天命歸之於不可知之數。故而他回答子服景伯説『道能得以推行，這是命；道將被廢止，也是命』，對南宫适説『此人是個君子，此人崇尚道德』，隱隱然視天命爲難以推測。聖賢的話中深奥的旨意互不相同，要靠求學者自己去默默地體悟。

評點

中國古代學者好言命。命有許多種表敘：時命、命運、天命等等。細細揣摸，在古人那裏，命指的是不由自我决定得了的而對人生具有較大影響的外界力量。人生活在世界上，世界由萬物組成，作爲其中一個渺小的生命，不能不受他物的影響，而作爲對生命負責的明白人，也便不能不研究命了。所以學者好言命便不奇怪，學者中的最爲卓越者聖賢關注命，也就很自然了。但命，又是一個極不易看得清、説得透的話題，它與人的個體努力之間關係極爲複雜微妙，所以，即便是孔孟這樣的聖哲，一旦説起它來也常常語焉不詳，或者自相矛盾。於是曾氏有這則言命的筆記，最後也衹得以『微旨不同，在學者默會之』來指導後生輩。

原文　誠中形外

誠中形外，根心生色。古來有道之士，其淡雅和潤無不達於面貌。余氣象未稍進，豈嗜慾有未淡邪？機心未消邪？當猛省於寸衷，而取驗於顔面。

譯文

修誠於内則表現於外，扎根於心則生色於面。古來有道的人，他的淡雅和潤無不表現在外貌上。我的氣色没有稍稍進步，難道是慾望没有淡薄嗎？機心没有消除嗎？應當在心中努力反省，並在顔面上表現出來。

評點

人的內心與外表是緊密相聯的。外表安詳，內心多半寧靜；外表燦爛，內心多半光明。曾氏以淡嗜慾消機心來增進自己的外在氣象，可謂中的之舉。

原文　書贈仲弟六則

清

《記》曰：『清明在躬。』吾人身心之間，須有一種清氣，使子弟飲其和，鄉黨熏其德，庶幾積善可以致祥。飲酒太多，則氣必昏濁；說話太多，則神必躁擾。弟於此二弊，皆不能免。欲葆清氣，首貴飲酒有節，次貴說話不苟。

儉

凡多慾者，不能儉；好動者，不能儉。多慾，如好衣，好食，好聲色，好書畫古玩之類，皆可浪費破家。弟向無癖嗜之好，而頗有好動之弊。今日思作某事，明日思訪某客，所費日增而不覺。此後講求儉約，首戒好動。不輕出門，不輕舉事，不特不作無益之事，即修理橋樑道路寺觀善堂，亦不可輕作，舉動多則私費大矣。其次，則僕從宜少，所謂『食之者寡』也。其次，則送情宜減，所謂『用之者舒』也。否則，今日不儉，異日必多欠債，既負累於親友，亦貽累於子孫。

明

三達德之首曰智。智，即明也。古來豪傑，動稱英雄，英即明也。明有二端，人見其近，吾見其遠，曰高明；人見其粗，吾見其細，曰精明。高明者，譬如室中所見有限，登樓則所見遠矣，登山則所見更遠矣。精明者，譬如至微之物，以顯微鏡照之，則加大一倍十倍百倍矣。又如粗糙之米，再春則粗糠全去，三春四春則精白絕倫矣。高明由於天分，精明由於學問。吾兄弟忝居大家，天分均不甚高明，專賴學問以求精明。好問若買顯微之鏡，好學若春上熟之米，總須心中極明，而後口中可斷。能明而斷，謂之英斷；不明而斷，謂之武斷。武斷自己之事，爲害猶淺；武斷他人之事，招怨實深。惟謙退而不肯輕斷，最足養福。

慎

古人曰欽，曰敬，曰謙，曰虔恭，曰祇懼，皆慎字之義也。慎者，有所畏憚之謂也。居心不循天理，則畏天怒；作事不顧人情，則畏人言；少賤，則畏父師畏官長；年老，則畏後生之竊議；高位，則畏僚屬之指摘。凡人方寸有所畏憚，則過必不大，鬼神必從而原之。若嬉遊門牌等事而毫無忌憚，壞鄰黨之風氣，作子孫之榜樣，其所損者大矣！

恕

聖門好言仁，仁即恕也。曰富，曰貴，曰成，曰榮，曰譽，曰順，此數者，我之所喜，人亦皆喜之；曰貧，曰賤，曰敗，曰辱，曰毀，曰逆，此數者，我之所惡，人亦皆惡之。吾輩有聲勢之家，一言可以榮人，一言可以辱人。榮人，則得名得利得光耀，人尚未必感我，何也？謂我有勢幫人不難也。辱人，則受刑受罰受苦惱，人必恨我刺骨，何也？謂我倚勢欺人太甚也。吾兄弟須從恕字痛下工夫，隨在皆設身以處地。我要步步站得穩，須知他人也要站得穩，所謂立也；我要處處行得通，須知他人也要行得通，所謂達也。今日我處順境，預想他日也有處逆境之時，今日我以盛氣凌人，預想他日人亦以盛氣凌我之身，或凌我之子孫。常以恕字自惕，常留餘地處人，則荆棘少矣。

静

静則生明，動則多咎，自然之理也。家長好動，子弟必紛紛擾擾，朝生一策，暮設一計，雖嚴禁之而不能止。欲求一家之安静，先求一身之清静。静有二道，一曰不入是非之場，二曰不入勢利之場。鄉里之詞訟曲直，於我何干？我若强爲剖斷，始則賠酒飯，後則惹怨恨；官場之得失升沉，於我何涉？我若稍爲干預，小則招物議，大則掛彈章。不若一概不管，可以斂後輩之躁氣，即可保此身之清福。

譯文

清

《禮記》上説：『清明體現在身上。』我們人的身心之間，必須有一種清氣，使子弟享受他的祥和，鄉人受他道德的熏陶，或許可以積善而招致吉祥。飲酒太多，則精氣必定昏濁，説話太多，則神志必躁動。弟在這兩個毛病上都不能避免。想要保存清氣，首先重在飲酒有節制，次在説話不苟且。

儉

大凡慾望過多者，不能節儉；喜好動者，不能節儉。慾望多，比如愛好衣服，愛好飲食，愛好聲色，愛好書畫古玩等等，都可以因浪費而敗家。弟一向没有特别的嗜好，但有好動的毛病。今天想做

某椿事，明日想拜訪某個客人，耗費錢物每天增加而不自覺。此後要講求節儉簡約，首先在戒除好動的毛病，不要輕易出門，不要輕易舉辦事情，不僅不做無益的事，即便修理橋樑道路寺觀行善堂所，也不要輕易興作，做事多個人所費則很大。其次，僕從宜少，所謂『吃白飯的人少』。再其次，則贈送人情宜減，所謂『開支上能做到舒暢』。否則，今天不節儉，日後必欠債多，既讓親友揹負牵累，也給子孫留下負擔。

明

三種好品德的第一種叫做智，智即明。自古以來的豪傑，動輒稱作英雄，英，即明的意思。明有兩方面。别人衹看到近的，我能看到遠的，叫做高明；别人衹看到粗的，我可以見到細微，叫做精明。所謂高明，比如説在房子裏能見到的有限，登上樓後則所看見的就遠了，登上山後則所看見的就更遠了。所謂精明，比如極微小的物品，用顯微鏡一照，則加大一倍十倍百倍了。又比如粗糙的米，再次舂搗，則粗糠全部脱去，三次舂搗四次舂搗，則精白無比了。高明是由於天分，精明則由於學問。我們兄弟慚愧地居在大家之位上，天分都不很高明，惟有依靠學問來求得精明。喜好詢問如同買來顯微鏡，愛好學習好比舂搗已熟透的穀米，總得心裏面很明瞭，而後口中纔可説出判斷的話來。能够做到明白判斷，叫做英明；不明白的判斷，叫做武斷。武斷自己的事情，爲害尚且淺；武斷别人的事，招來的怨恨則深。惟有謙退而不願輕率判斷，最足以培植福氣。

慎

古人説欽，説敬，説謙，説虔恭，説敬懼，都是慎字的意思。所謂慎，就是有所畏憚的意思。居心不依循天理，則畏懼天怒；做事不順人情，則畏懼别人指責；年少或地位低賤，則畏懼父親、老師

或畏懼官吏上司；年老，則畏懼後生的悄悄議論；處高位，則畏懼僚屬的批評。人在心中凡有所畏憚，則過失必不會大，鬼神並因而原諒，儻若在嬉笑遊樂打牌等事上毫無忌憚，敗壞了家鄉的風氣，成爲子孫倣法的榜樣，那麽造成的損失就大了！

恕

孔孟學派喜歡説仁，仁也就是恕。説富，説貴，説成，説榮，説譽，説順，這幾樣，是我的喜歡，别人也都喜歡。説貧，説賤，説敗，説辱，説毁，説逆。這幾樣，是我的厭惡，别人也都厭惡。我們這些有聲勢的人家，一句話可以使别人榮耀，一句話也可以使人受辱。使人榮耀，則讓人得名得利得光耀，别人尚且未必感激我，爲何呢？説我有勢力，幫助别人不困難。使人受辱，則讓人受到刑罰受到苦惱，别人必定恨我刺骨，爲何呢？説我倚仗勢力欺人太甚。我們兄弟必須從恕字上痛下工夫，隨時隨處都要設身處地爲别人着想。我想每一步站得穩，要知道别人也想站得穩，這就是立。我想處處行得通，要知道别人也想行得通，這就是達。今天我處在順境，要預計他日也有身處逆境的時候。今天我以盛氣凌人，要預計他日别人也會以盛氣凌我本人，或者凌我的子孫。常常以恕字爲自我警惕，常留餘地待人，則荆棘麻煩就少了。

静

静則生發明，動則多引來咎，這是自然而然的道理。家長好動，必定會使子弟紛亂，受到干擾。早上生出一個想法，晚上又設置一個計劃，即便嚴厲禁戒也不能止住。想求得一家的安静，先要求得家長一人的清静。静有兩個途徑可得到。一是不進入是非之場所，二是不進入勢利之場所。鄉里間的打官司論曲直，與我有什麽關係？我若强行爲它作分析判斷，開始則賠酒賠飯，後來則惹來怨恨。官場上的得失升沉，與我有什麽牽涉？我若是稍稍作點干預，小則招來議論，大則引來彈劾奏章。不如一概不管，可以收斂後輩的躁動之氣，也可以保自身的清福。

評點

應二弟國潢（在族中排第四，故亦稱四弟）之請，曾氏在同治七年爲他寫了六段話。這六段話即對清、儉、明、慎、恕、静六字的闡釋。曾氏的這個仲弟，比他整整小了十歲。雖自小起便讀書，但科名不利。二十六歲那年，曾氏爲他捐了個監生。有此身份，可以參加鄉試走中舉中進士一路，也可以藉此進入仕途混個一官半職。但後來這兩條路他都没有走，一輩子在家守着祖宗墓廬。這一則是因爲他的才學能力較之兄弟們稍遜一籌，二則後來戰事興起，四個兄弟都從軍在外，老家也必須得有一個人在纔行。曾氏的這個二弟身上有許多毛病，比如好出風頭，好管閒事，好喝酒，好吹嗩吶，好狎狹遊，甚至依仗兄弟的權勢，還好點胡作非爲。曾氏的這六個字，每個字都是針對其二弟的毛病而言的。但因爲曾氏學富識高，故這六段話對其他人也具有針砭性、啓發性。如對明字的剖析，有高明、精明之分，遠則爲高，細則爲精。高由天分，精由學問等等，都有助於思維的訓練。

原文　以不忮不求爲重

余生平略涉儒先之書，見聖賢教人修身，千言萬語，而要以不忮不求爲重。忮者嫉賢害能、妒功争寵，所謂怠者不能修，忌者畏人修之類是也。求者貪利貪名，懷土懷惠，所謂未得患得，既得患失之類是也。忮不常見，每發露於名業相侔、勢位相埒之人。求不常見，每發露於貨財相接、仕進相妨之際。將欲造福，先去忮心，所謂人能充無欲害人之心，而仁不可勝用也。將欲立品，先去求心，所謂人能充無穿窬之心，而義不可勝用也。忮不去，滿懷皆是荆棘；求不去，滿腔日即卑污。余於此二者常加克治，恨尚未能掃除净盡。爾等欲心地乾净，宜於此二者痛下工夫。附作忮求詩二首録左。

不忮

善莫大於恕，德莫凶於妒。妒者妾婦行，瑣瑣奚比數。己拙忌人能，己塞忌人遇。己若無事功，忌人得成務。己若無黨援，忌人得多助。勢位苟相敵，畏逼又相惡。己無好聞望，忌人文名著。己無賢子孫，忌人後嗣裕。争名日夜奔，争利東西騖。但期一身榮，不惜他人污。聞灾或欣幸，聞禍或悦豫。問渠何以然，不自知其故。爾室神來格，高明鬼所顧。天道常好還，嫉人還自誤。幽明叢詬忌，乖氣相回互。重者灾汝躬，輕亦减汝祚。我今告後生，悚然大覺悟。終身讓人道，曾不失寸步。終身祝人善，曾不損尺布。消除嫉妒心，普天零甘露。家家獲吉祥，我亦無恐怖。

不求

知足天地寬，貪得宇宙隘。豈無過人姿，多慾爲患害。在約每思豐，居困常求泰。富求千乘車，貴求萬釘帶。未得求速償，既得求勿壞。芬馨比椒蘭，磐固方泰岱。求榮不知厭，志亢神愈忲。歲燠有時寒，月明有時晦。時來多善緣，運去生灾怪。諸福不可期，百殃紛來會。片言動招尤，舉足便有礙。戚戚抱殷憂，精爽日凋瘵。矯首望八荒，乾坤一何大！安榮無遽欣，患難無遽憝。君看十人中，八九無倚賴。人窮多過我，我窮猶可耐。而况處夷塗，奚事生嗟愾？於世少取求，俯仰有餘快。俟命堪終古，曾不願乎外。

譯文

我一生略微涉及前代大儒的書籍，看到聖賢於修身方面教導別人的話儘管千言萬語，但它的要點以不忮不求爲重。所謂忮，即嫉賢害能，忌妒別人立功，與人在上司面前争寵，也就是書上所説的『懶惰的人不肯去修煉，好忌妒的人則害怕別人修煉』這一類。所謂求，即貪圖名利，時時刻刻想念着利益恩惠，也就是書上所説的『没有得到時總想得到，已得到又害怕失去』這一類。忮不常見，每每出現在功名事業、權勢地位相差不大的人之間。求不常見，每每出現在財産的經手與仕途的競争之時。打算爲自己謀求幸福，先要去掉忮心，這就是所説的『人如果能充滿着不想害別人的心，而仁則用之不盡』；打算提高自己的人品，先要去掉求心，這就是所説的『人如果能没有盗竊之心，則義將用之不盡』。忮若不去掉，則滿腹都是荆棘；求若不去掉，則滿肚子一天天變得卑污。我對於這兩點，常常加以整治，尚痛恨没有能够掃除乾净。你們想要心地乾净，宜在這兩點上痛下工夫。附所作的關於忮、求詩兩首，抄録於左邊。

不忮

善行莫大於寬恕，心性莫惡於忌妒。忌妒乃婦人的行爲，猥猥瑣瑣不值得提起。自己笨拙却忌妒別人能幹，自己遭堵塞却忌妒別人順暢，自己没有建樹，却忌妒別人獲得成功，自己没有同伴的支援，却忌妒別人多得幫助。權勢地位相當，則害怕對方逼迫又互相仇恨。自己没有好名聲，則忌妒別人文名彰顯。自己没有賢良子孫，則忌妒別人的後代興旺。爲争名而日夜奔馳，爲争利而四處勞神。爲了自己一人的榮耀，不惜讓別人受污。聽説別人遭災則心裏歡喜，聽説別人遇禍則心裏愉悦。問他爲何如此做，他也說不出此中的原故。你的心裏充塞神聖，言行高明則鬼都會來眷顧。天道常常喜歡回報，忌妒別人者最後會誤了自己。世上有形無形中有許多污垢忌諱處，乖戾之氣與它們互相倚伏，乖戾之氣重的則使人受災，乖戾之氣輕的則減掉人的福分。我現在以此告誡後生輩，肅然警覺過來。

一生爲別人讓道，你自己也不會失去半步路。一生爲別人祝福，你也不會損失一尺布。消除嫉妒之心，普天下都會降甘露。大家都吉祥，我也不會再有恐怖。

不求

知道滿足則天地寬廣，貪求得到則宇宙狹隘。不能說没有過人之處，衹是被多慾求所害了。處在簡約時則每每想豐足，處在困苦時則每每追求奢泰。富裕了則求取千輛車，尊貴了則追求萬釘打造的腰帶。没有得到時則巴望早日實現，已得到了又盼望長期保留。希望自己所處的環境如同種滿椒蘭似的芬芳，自己所獲得的地位如泰山般的堅固。追求榮耀不知厭倦，志氣亢奮精神越來越振作。一年之中有熱也有冷，月有明亮也有晦暗。時運來了善緣也跟着多，運氣一去災禍也接着發生。時運去時什麼福分也盼不到，而各種各樣的災殃都會來到。一句話說得不當就招來怨尤，一動脚便遇到障礙。弄得人一天到晚心情戚戚然懷抱憂愁，精神上的爽快之感一天天凋零。擡起頭來仰望四面八方，宇宙天地何等浩大！享受榮耀無需驟然間便得意忘形，身處患難也無需深深地怨恨。您看世上十個人裏，便有八九人無所倚賴。不順利的人比我多得多，我一時不順是可以忍耐的。況且處於坦途上，何來嘆息聲呢？對於世界所求不多，則無論是俯是仰都快樂。静候命運中的時機到來，這是值得永遠謹守的大道理，這之外的所求則不要去奢想。

評點

佛家認爲貪、嗔、癡是人性中的三大弱點，在曾氏的眼中，儒家將忮、求列爲人類應當剔除的壞習。求即貪。可見無論是佛界的祖師還是儒學的聖賢，都看到人類自身所存在的一個最大毛病：貪。所謂貪，即過分地謀求利益，包括物質利益和非物質利益。古往今來，貪財貪物貪色貪權貪名的人遍地皆是，真正能看淡財、物、色、權、名的人却極少極少。因爲貪，會過度勞心勞力，耗盡精血，使人多病早亡。因爲貪，會熱心争競，易於結仇結怨，招致無窮苦惱。因爲貪，會不擇手段，甚至傷天害理，觸犯刑法，最後丢了性命。自有人類以來，因貪而死於非命的人不知多少！然而，人類却很難從中覺悟過來。

除開貪外，嫉妒也是人性中的極大弱點。粗略看來，嫉妒像是一種很奇怪的病態。人家得了好處，並未傷害你，你憑什麼不好受呢？仔細解剖，懷着這種病態的人，他的心裏會覺得别人得的好處是搶了他的，或是别人得到了而自己没得到，就會襯托出自己的無能。如此則間接傷害他，所以他不好受。嫉妒也普遍存在於人的心中，衹是程度深淺不同罷了。許多人因嫉妒而失去理智，害人害己。嫉妒對人類的危害，實在不可小視。

一個人如果去掉貪去掉妒，則如同旅行者丢掉不必要的包袱樣，將輕鬆前進，瀟瀟灑灑地領略一路風光。

爲何如此做，他也説不出此中的原故。你的心裏充塞神聖，言行高明則鬼都會來眷顧。天道常常喜歡回報，忌妒別人者最後會誤了自己。世上有形無形中有許多污垢忌諱處，乖戾之氣與它們互相倚伏，乖戾之氣重的則使人受災，乖戾之氣輕的則減掉人的福分。我現在以此告誡後生輩，肅然警覺過來。一生爲別人讓道，你自己也不會失去半步路。一生爲別人祝福，你也不會損失一尺布。消除嫉妒之心，普天下都會降甘露。大家都吉祥，我也不會再有恐怖。

不求

知道滿足則天地寬廣，貪求得到則宇宙狹隘。不能説没有過人之處，衹是被多慾求所害了。處在簡約時則每每想豐足，處在困苦時則每每追求奢泰。富裕了則求取千輛車，尊貴了則追求萬釘打造的腰帶。没有得到時則巴望早日實現，已得到了又盼望長期保留。希望自己所處的環境如同種滿椒蘭似的芬芳，自己所獲得的地位如泰山般的堅固。追求榮耀不知厭倦，志氣亢奮精神越來越振作。一年之中有熱也有冷，月有明亮也有晦暗。時運來了善緣也跟着多，運氣一去災禍也接着發生。運去時什麽福分也盼不到，而各種各樣的災殃都會來到。一句話説得不當就招來怨尤，一動脚便遇到障礙。弄得人一天到晚心情戚然懷抱憂愁，精神上的爽快之感一天天凋零。擡起頭來仰望四面八方，宇宙天地何等浩大！享受榮耀無需驟然間便得意忘形，身處患難也無需深深地怨恨。您看世上十個人裏，便有八九人無所倚賴。不順利的人比我多得多，我一時不順是可以忍耐的。況且處於坦途上，何來嘆息聲呢？對於世界所求不多，則無論是俯是仰都快樂。静候命運中的時機到來，這是值得永遠謹守的大道理，這之外的所求則不要去奢想。

評點

佛家認爲貪、嗔、癡是人性中的三大弱點，在曾氏的眼中，儒家將忮、求列爲人類應當剔除的壞習。求即貪。可見無論是佛界的祖師還是儒學的聖賢，都看到人類自身所存在的一個最大毛病：貪。所謂貪，即過分地謀求利益，包括物質利益和非物質利益。古往今來，貪財貪物貪色貪權貪名的人遍地皆是，真正能看淡財、物、色、權、名的人却極少極少。因爲貪，會過度勞心勞力，耗盡精血，使人多病早亡。因爲貪，會熱心争競，易於結仇結怨，招致無窮苦惱。因爲貪，會不擇手段，甚至傷天害理，觸犯刑法，最後丢了性命。自有人類以來，因貪而死於非命的人不知多少！然而，人類却很難從中覺悟過來。

除開貪外，嫉妒也是人性中的極大弱點。粗略看來，嫉妒像是一種很奇怪的病態。人家得了好處，並未傷害你，你憑什麽不好受呢？仔細解剖，懷着這種病態的人，他的心裏會覺得別人得的好處是搶了他的，或是別人得到了而自己没得到，就會襯托出自己的無能。如此則間接傷害他，所以他不好受。嫉妒也普遍存在於人的心中，衹是程度深淺不同罷了。許多人因嫉妒而失去理智，害人害己。嫉妒對人類的危害，實在不可小視。

一個人如果去掉貪去掉妒，則如同旅行者丢掉不必要的包袱樣，將輕鬆前進，瀟瀟灑灑地領略一路風光。

原文　慎獨主敬求仁習勞

日課四條

一曰慎獨則心安

自修之道，莫難於養心。心既知有善知有惡，而不能實用其力，以爲善去惡，則謂之自欺。方寸之自欺與否，蓋他人所不及知，而己獨知之。故《大學》之『誠意』章，兩言慎獨。能慎獨，則内省不疚，可以對天地質鬼神，斷無行有不慊於心則餒之時。人無一内愧之事，則天君泰然，此心常快足寬平。是人生第一自强之道，第一尋樂之方，守身之先務也。

二曰主敬則身强

敬之一字，孔門持以教人，春秋士大夫亦常言之，至程朱則千言萬語不離此旨。吾謂敬字切近之效，尤在能固人肌膚之會，筋骸之束。莊敬日强，安肆日偷，皆自然之徵應。雖有衰年病軀，一遇壇廟祭獻之時，戰陣危急之際，亦不覺神爲之悚，氣爲之振，斯足知敬能使人身强矣。若人無衆寡，事無大小，一一恭敬，不敢懈慢，則身體之强健，又何疑乎？

三曰求仁則人悦

我與民物，其大本乃同出於一源。若但知私己，而不知仁民愛物，是於大本一源之道，已悖而失之矣。至於尊官厚禄高居人上，則有拯民溺救民飢之責。讀書學古粗知大義，即有覺後知覺後覺之責。若但知自了而不知教養庶彙，是於天之所以厚我者辜負甚大矣。

四曰習勞則神欽

凡人之情，莫不好逸而惡勞，無論貴賤智愚老少，皆貪於逸而憚於勞，古今之所同也。人一日所着之衣所進之食，與一日所行之事所用之力相稱，則旁人韙之，鬼神許之，以爲彼自食其力也。古之聖君賢相，若湯之昧旦丕顯，文王日昃不遑，周公夜以繼日，坐以待旦，蓋無時不以勤勞自厲。《無逸》一篇，推之於勤則壽考，逸則殀亡，歷歷不爽。爲一身計，則必操習技藝，磨煉筋骨，困知勉行，操心危慮，而後可以增智慧，而長才識。爲天下計，則必己飢己溺，一夫不獲，引爲餘辜。大禹之周乘四載，過門不入，墨子之摩頂放踵，以利天下，皆極儉以奉身，而極勤以救民，故荀子好稱大禹、墨翟之行，以其勤勞也。軍興以來，每見人有一材一技能耐艱苦者，無不見用於人，見稱於時。其絶無材技不慣作勞苦者，皆唾棄於時，飢凍就斃。是以君子欲爲人神所憑依，莫大於習勞也。

譯文

日課四條

一、能謹慎地對待獨處則心裏安然

在自我修煉這件事上，難以做到的是養心。心裏既然知道善，知道惡，但不能實實在在地用自己的力量去爲善去惡，則是自我欺騙。心中的自欺與否，别人無法知道，而本人是知道的，故而《大學》裏的『誠意』篇，兩次談到慎獨。能做到慎獨，則自我反省不内疚，可以坦然面對天地和鬼神，絶對没有所做的事讓心有愧悔而使得正氣疲軟的時候。人没有一件内疚的事，則心靈泰然，常常有快樂滿足寬和平静之感。這是人生的第一自强之道，也是最好的尋求快樂的辦法，保證身體康健所首先要做到的事。

二、以敬爲主宰則身體强健

敬這個字，孔子學派用它來教導別人，春秋時期士大夫也常常説到它，到了程子朱子，則千言萬語不離開這個宗旨。我説敬字切實而看得見的功效，尤其在於它能使人的肌膚筋骨得到約束。莊敬則一天天强健，安肆則一天天懶散，這是自然而然的應驗。即使是老年病者，一旦遇到隆重的壇廟祭典，危險緊急的戰場，也不自覺地神情爲之悚然，精氣爲之振作，這就足以知道敬能使人身體强壯了。儻若人無論多少，事無論大小，全都持以恭敬之態，不敢怠慢，則身體的强健，又有什麼可懷疑的呢？

三、追求仁則能使別人愉悦

我與別人以及萬物，它的根本之處是同一的。儻若衹知道愛惜一己，而不知道仁愛別人及萬物，這就是與根本之處是同一的這個大道理相違背。至於官大禄豐高居百姓之上者，則負有拯救民衆苦難的責任；讀書識字學習古代聖賢略知大義者，則負有讓後知後覺者警覺的責任。儻若衹是顧自己，而不知教導養育大衆，這便是很辜負了上天對自己的厚待之恩。

四、以勞作爲習慣者則神都欽服

大凡人的性情，莫不好逸惡勞，無論是貴是賤是智是愚是老是少，都貪求安逸而害怕勞作，這一點古今都相同。人一天所穿的衣服，所吃的食物，與一天所做的事情所費的力相當，則別人贊同，鬼神允許，認爲他是自食其力。古代的聖君賢相，比如商湯的黎明即起床辦公，周文王的過午而不歇息，周公的夜以繼日，半夜起身坐而等待天亮，都是無時無刻不以勤勞來自我勉勵。《無逸》這篇文章，討論勤則長壽，逸則亡身的道理，歷歷不爽。爲自己一身考慮，則必須操習技藝，磨煉筋骨，克服困難去獲取知識强求實行，提着一顆心常思考些使人警懼的問題，如此纔可以增長智慧和才幹；爲天下衆生考慮，則必定是寧願自己受飢餓受淹没，也爲着一個普通百姓未得到他的好處而引爲自己的責任未盡。大禹到處治水四年，路過家門而不入，墨子爲天下利益從頭到脚都受傷，這都是自奉極儉而拯救民衆極勤。故而荀子喜歡稱頌大禹、墨子的行爲，這是因爲他們勤勞的緣故。湘軍組建以來，每每看到一個人衹要有一點才幹一門技術又能耐得艱苦，就没有見到不被人所用所稱讚的。那些完全没有才能技術，又不習慣勞作的，則被時代唾棄，餓死凍死。所以君子想要爲人神所依憑，要做的最大事情便是習於勤勞了。

評點

所謂日課，即每天都要温習的功課。這四條日課，是曾氏在同治九年六月間爲兩個兒子所寫的。實際上是他自己一生對人世間的領悟。在他看來，人要真正地做到心安，則必須慎獨，即在没有任何監督的情況下也不做壞事。人的身體要强健，則必須主敬。所謂敬，指的是内心純潔，外表端嚴。如此人則固肌膚而束筋骸，身體日漸强壯。人若秉仁厚之心，則會善待他人；善待他人者，他人也將善待之。人人如此，則人群和悦，社會和諧。勞作是人生存之本，而好逸惡勞又是人性的弱點，故而特別需要時時提醒。難能可貴的是，曾氏看出勞逸不均是當時社會的最不平之事。作爲一個封建時代的政治家，可謂頭腦清醒，目光尖鋭。在這四條日課的後面，曾氏寫道：『今書此四條，老年用自儆惕，以補昔歲之愆，並令二子各自勗勉，每夜以此四條相課，每月終以此四條相稽，仍寄諸侄共守，以期有成焉。』由此看來，這是晚年曾氏爲他的大家族所制定的永久功課。